青少年...

会说才能赢
妙答

谢伦浩 梁 敏/主编

辽宁人民出版社

©谢伦浩　梁敏　2014

图书在版编目（CIP）数据

妙答 / 谢伦浩，梁敏主编. —沈阳：辽宁人民出版社，2014.1（2024.1重印）
（会说才能赢）
ISBN 978-7-205-07849-2

Ⅰ. ①妙…　Ⅱ. ①谢…　②梁…　Ⅲ. ①语言艺术　Ⅳ. ①H05

中国版本图书馆 CIP 数据核字（2013）第278637号

出版发行：辽宁人民出版社
地址：沈阳市和平区十一纬路 25 号　邮编：110003
电话：024-23284321（邮　购）　024-23284324（发行部）
传真：024-23284191（发行部）　024-23284304（办公室）
http://www.lnpph.com.cn
印　　刷：辽宁新华印务有限公司
幅面尺寸：160mm × 230mm
印　　张：10
插　　页：1
字　　数：133千字
出版时间：2014 年 1 月第 1 版
印刷时间：2024 年 1 月第 3 次印刷
责任编辑：孙婆娇
装帧设计：丁末末
责任校对：吴艳杰
书　　号：ISBN 978-7-205-07849-2
定　　价：48.00元

编 委 会

主　编　谢伦浩　梁　敏

编　委　梁亮迎　白　莹　刘凌云　刘昭君

吴天月　李　琳　赵卓瑶

前　言

说话是一门艺术，更是一门高超的语言表达艺术。

古今中外很多卓越的口才大师凭借着超凡的说话能力往往是胸藏百汇，舌吐风雷，振臂高呼，应者云集，挽狂澜于既倒，助巨浪而前行。他们的口才表达能力具有神奇的感染力、说服力和鼓动性。

战国时的苏秦依仗三寸不烂之舌，游说东方六国，身挂六国相印，促成合纵抗秦联盟；三国时诸葛亮出使东吴，舌战群儒，终于说服吴王孙权和都督周瑜联刘抗曹，大破曹兵；周恩来总理多次在谈判桌上，以他那闻名世界的铁嘴挫败敌手，捍卫祖国尊严……无数事实说明，说话艺术能发挥改天换地、惊天动地的巨大作用。

在现实生活中，改革开放的政治形势和现代信息化社会环境，使信息量增大，信息流传加快，口才交际机会增多，说话表达场合拓宽。理论家崇论宏议，情动四海；军事家侃侃而谈，不容置喙。此外，企业家的谈判，营业员的推销，学者的交流都要有非凡的说话技巧。正因为如此，说话艺术作为一种宣传真理的好工具，获取信息的好途径，扩大联系的好机会，求知学习的好渠道，锻炼口才的好方法而受到人们特别是青少年朋友的重视。我们曾看到不同行业、不同年龄、不同层次的人们置身讲坛，英姿焕发，即兴而说；他们或大声疾呼，力陈改革之策；或纵横畅谈，议论美好前程；或热血沸腾，讴歌伟大祖国；或慷慨陈词，痛斥不正之风；或精细剖析，阐明人生哲理……声情并茂，鞭辟入里，令人难忘。

说话是一门艺术，也是一种技术。包括演讲之术、论辩之技、幽默之法、交谈之策、对话之谋……作为技巧，是可以通过后天的训练而习得的。为了提高读者朋友的说话表达能力，我们编写了这套《会说才能赢》说话艺术丛书。丛书共6册，分别为《演讲》、《论辩》、《幽默》、《对话》、《妙答》、《奇辩》。本套丛书讲求实用操作性与知识趣味性的统一，它可以作为读者朋友提升说话能力技巧的专业读物，更是对演讲、论辩、幽默等语言表达艺术情有独钟的青少年朋友的良师益友。

相信这套丛书的出版能促使你成为一个：

有卓越技巧的人，

有优良品质的人，

能适应时代、影响社会的人。

《会说才能赢》编委会

2013年10月

机智妙答

哲理妙答

戏谑妙答

劝谏妙答

辩驳妙答

幽默妙答

妙答

机智妙答

摆脱纠缠

在一个周末舞会上，有一位妙龄少女相貌出众，舞姿优美，吸引了许多男青年的眼光，其中一个修养较差的青年对她纠缠不清，趁着休息时与这位少女搭讪。

男青年对少女说：“我似乎在哪儿见过你，你贵姓？”

少女虽心中不快，但碍于礼貌，还是回答了他：“与我爸爸同姓。”

“你爸姓什么？”男青年追问。

少女：“随我爷爷姓。”

男青年见此招不成，便转移话题“你是做什么工作的？”

少女：“还不是干‘四化’。”

男青年又问：“你家有几口人？”

少女：“跟我家的自行车一样多。”

男青年仍不死心：“那你家有几辆自行车？”

少女：“每人一辆。”

点析

少女对男青年虽然是有问必答，可是答语里信息量为零，男青年自然是一无所获，只能悻悻地走开。

女用人智对主妇

有位主妇新请了一位女用人，第一天，主妇这样交待女用人："如果你不介意，我就叫你阿莲，这是从前帮我做事人的名字，我不喜欢改变我的习惯。"

女用人笑着说："我也很喜欢这种习惯。这么说来，我就可以叫你马先生了，因为这是我以前的主人。"

点析

以女用人的身份，她是不便正面驳斥主人荒谬的做法的。但她借用女主人的话，巧妙地点明其做法的荒谬性，回敬得既有力又得体，显得非常机智。

交皇粮

清朝乾隆年间，福建省有个"神童"郑大济。

一次，郑大济的祖父郑贡生得罪了县官。县官一怒之下，硬把全乡的皇粮都派给郑贡生交纳，并且限令他在三日之内交清，否则就以"抗交皇粮"治罪。这下可把郑贡生急坏了。

郑大济见祖父整日长吁短叹，就向祖父问明情由。

郑大济听了哈哈大笑道："这事好办，明天让我去见县官，我自有办法对付他。"

第二天，郑大济戴上祖父的帽子，穿上祖父的长衫，摇摇摆摆地闯进县衙。

县官见了这位长衫拖地的孩子，认得是郑贡生的孙子，号称“神童”的郑大济。县官便厉声喝道：

“没毛小子，为何自己的衣服不穿，要穿公公的长衫？”

郑大济理直气壮地回答：

“请问县太爷，我是公公的孙子，公公的长衫尚且不准我穿，那全乡的人还不是我公公的孙子，有什么理由让我公公来负担他们的皇粮？”

县官听了竟一时答不上话来，只好免了他祖父“交皇粮”的任务。

点析

郑大济没有急于攻击县官的荒唐做法，而是设了一个更加荒谬的“圈套”，等到对方陷入自己设好的圈套之后，便一语中其要害，从而使对方的论点不攻自破。

妙解“抄”字

小华的作文在学校作文竞赛中获一等奖，正当他在颁奖大会上满怀激情地朗读时，忽听下面有人嘀咕：

“哼，那作文是‘抄’的”。顿时，同学当中一阵交头接耳。

小华道：“是的，是‘抄’的！”

全场哗然，大吃一惊的老师严厉地说：“作文比赛是一项严肃的活动，不允许任何弄虚作假的行为，假如你的文章是抄的，核实后将取消评奖资格。”

全场又一阵骚动。

小华此时坦然地回答："请允许我把话说完，文章是抄出来的，这不容置疑。我说的抄，是经过自己深思熟虑打好腹稿之后再抄到草稿纸上加以润色，最后再把定稿抄到规定的稿纸上。我抄的正是我自己独特的思想，难道这种'抄'不对吗？"

一阵静默之后，全场响起热烈的掌声，小华从老师手中接过颁发的奖品。

点析

"抄"字可以表达"抄袭"的意思，老师和同学们也正因为小华"抄袭"一事而表示震惊，而小华将"抄"字的另一种意义即"抄写"、"誊写"巧解出来，这样一来，便很快地平息了这场风波。

低头弯腰就看不见我

谢甫琴柯是19世纪乌克兰有名的诗人，他反对沙皇的暴力统治，具有浓烈的反抗精神。有一次沙皇召见他，在宫殿，所有的人都对沙皇躬身施礼，只有谢甫琴柯昂首直立，直视沙皇。沙皇非常生气：

"你为什么不鞠躬低头？"

谢甫琴柯不卑不亢："不是我要见你，而是你要见我，如果我也像周围的其他人那样低头弯腰，你怎么能看得见我呢？"

沙皇听后，无言以对。

点析

沙皇召见谢甫琴柯，谢甫琴柯却没有鞠躬，沙皇也没辙，为什么会这样呢？主要是诗人谢甫琴柯将"召见"一词巧妙地解释为是沙皇要见我，而不是我谢甫琴柯要见他。既然他要见我，我当然不需鞠躬喽。由此我们

可以看出谢甫琴柯不仅具有强烈的反抗精神，而且拥有超凡的智慧。

巧媳妇智斗县官

县官为了霸占王老汉的财产，故意给他出了一个难题：三日之内，送三头怀胎的公牛到衙门，如有违抗，则财产充公。王老汉急得大哭。媳妇这时安慰老汉说她有办法。三天后，县官见王老汉久久未来，便带人冲到王老汉家，问道："王老汉在家吗？"

家里只有媳妇一人，媳妇回答道："在是在，就是不好出来。"

县官："他是怕见我吧！"

媳妇："哪里话，他在家生孩子。"

县官怒道："混账，哪有男人生小孩的！"

媳妇道："男人既然不能生小孩，那你怎么要公牛怀胎呢？"

县官哑口无言，灰溜溜地走了。

点析 ★

巧媳妇没有正面反驳县官的荒唐言语，而是说自己的老公公在生小孩，县官当然不信，自然会说男人不会生小孩。巧媳妇利用这一点，以其人之道，还治其人之身，让县官的诡计落空。

最伟大的戏剧家

萧伯纳常在他的戏中揭露资本家的丑恶面目。

一次，有个资本家想在大庭广众之下羞辱萧伯纳。他挥着手大声说：“人们都说，伟大的戏剧家都是白痴。”

萧伯纳面对着资本家的恶意攻击，笑了笑，随即回敬了一句：“先生，我看你就是最伟大的戏剧家。”

点析

萧伯纳以资本家的话为前提，说“你就是最伟大的戏剧家”，言下之意是“你是个大白痴”。这样，萧伯纳轻而易举地回击了资本家。

用皮大衣遮住

一位穿着华贵的女郎在一家高级餐厅用餐，用餐完毕后，她对餐厅的经理说：“十分抱歉，我忘记把钱包带出来了。”

经理很平静地回答：“没关系，赊账好了。我信得过你，但是为了防止你遗忘，请你将你的姓名和欠款记在黑板上。”

女郎说：“那样的话，谁都可以看见我的名字了，多丢人。”

经理回答：“不必担心，你的皮大衣可以把黑板遮住的。”

女郎无奈，只好乖乖地付钱离开。

点析

面对女郎的赖账，经理在赊账这条路上不停地设置障碍，让她无计可

施，只能掏出钱包付账。

毛泽东巧解姓氏

1945年重庆谈判期间，重庆文艺界的部分名流邀请毛泽东做了一个演讲。演讲结束后，有很多人向毛泽东提问。

其中有一人问道：“假如谈判失败，国共两党全面开战，那么毛先生有没有信心战胜蒋先生？”

毛泽东回答：“国共两党的矛盾是代表两种不同利益的矛盾，至于我和蒋先生嘛，蒋先生的‘蒋’字是将军的将字头上加一根草，他不过是一个草头将军而已。”

旁边有人听了，立刻不怀好意地问：“那么毛……？”

毛泽东不假思索地答道：“我的毛字可不是毛手毛脚的‘毛’，而是一个‘反手’。意思是说，代表大多数中国人民根本利益的共产党，要战胜代表少数人利益的国民党，易如反掌。”

点析

毛泽东故意对“蒋”字进行曲解，显示毛泽东对蒋介石的轻蔑，然后在解释自己的姓时，巧妙地用“反手”一词引申为对付国民党易如反掌，巧妙回答了别人提出的问题，表明了共产党必胜的决心。

名字有几笔

20世纪30年代初，朱家骅出任浙江省民政厅长时，曾举办过一次县长考试，有笔试和口试两项。有位考生朱懋祺，笔试名列前茅。口试时，朱家骅西装革履，亲自主考。朱懋祺一身灰布学生装，足穿布鞋，昂然前来。二朱一洋一土，对照鲜明。开考后，几个考官轮着提问，朱懋祺对答如流。最后朱家骅提了这样一个怪问题："你知道《总理遗嘱》共有多少个字吗？"

朱懋祺想了想，说："请问朱厅长，您的朱家骅大名共有几笔？"

此问一出，举座皆惊。朱家骅也愣住了。旁边的考官让朱懋祺出去了。但朱家骅是一个雅量高怀之人，事后录取了他，并把他派到蒋介石的故乡奉化县当局长。

点析

朱家骅的问题确实难以作答，就算是把《总理遗嘱》背得滚瓜烂熟的人也不会注意到它有多少个字。朱家骅正是利用这一点想难一难朱懋祺，令朱家骅做梦也没想到的是朱懋祺要他说出自己的姓名有几笔，自己的名字虽然耳熟能详，但一般也不会注意它有几笔，这样一来，朱懋祺反而把朱家骅给难住了。幸运的是朱懋祺碰到的是气量大的朱家骅，不然可能就没有这么好运了。

没打算辞职

公司老板对新来的秘书小刘的工作不甚满意。尤其是最近的一次私底训话，这种不满似乎达到了顶峰。

老板对秘书说："我没有碰到像你这样一个马马虎虎，做事粗心大意的秘书！我原先聘用的那些秘书有的优点你几乎都没有，而他们有的缺点你倒应有尽有！你的灵活性不够，太呆板，什么事儿都照本宣科；你的文才平平，远在他们几人之下；你总是不能把办公桌收拾得使我满意，你的字写得比他们几个差多了，只可惜他们几个都申请辞职了，不行，我不能让你这么一个不够格儿的秘书再浪费我的工资啦！"

老板唠唠叨叨地说完，似乎下了决心。

秘书这时开口了："先生，您说了我那么多的缺点，可您却忽视了我一个最大的优点，那就是：在听了您这么多批评之后，我仍然没打算辞职呀！"

老板不禁怔住了，片刻，他哈哈大笑起来，小刘也因此保住了一个对他来说得之不易的工作机会。

点析

面对一个如此絮叨不休、吹毛求疵的老板，难怪那些秘书都会受不了而申请辞职。秘书小刘却没有反驳老板的批评，而是引导老板从另一个角度来思考问题说我受了您那么多批评，都没打算辞职，来说明自己对公司的忠诚和对自己从事的工作的极大热忱。这样一来，使老板冷静了下来，问题也得到了很好的解决，小刘的工作也保住了。

勇敢、聪明的青年

1976年初，周恩来总理与世长辞，亿万人民失声痛哭。江青反革命集团及其爪牙居然禁止人们举行悼念活动。上海一位青年勇敢地在人民广场升起了一面白旗，表示对总理的悼念和对江青反革命集团的抗议。

江青反革命集团在沪的爪牙气急败坏，四处搜捕，把这个青年抓住后立即非法审问。这个青年面对气势汹汹的敌人奋勇反抗，毫不示弱，爪牙问：

“你叫什么名字？”

“我叫‘悼恩来’！”

“你家住在哪里？”

“上海滩！”

“你是做什么工作的？”

“造社会主义大厦！”

“你为什么升白旗？”

“不对！这是‘悼旗’！白色象征神圣、纯洁、高尚，白色寄托我们的哀思！”

“审讯”到此，爪牙们再也按捺不住。其中一人打断那青年的话，大骂：“我看你是不到黄河心不死！”

谁知那位青年从容地答：“当然了，到了黄河我还要游过去！”

爪牙们张口结舌，气得浑身哆嗦。

点析

这位青年语言最大特点是出其不意，令对方无法捉摸，尤其是他的最后一句话，使敌人心惊胆战，不得不认输。

才子与刘三姐

年轻美丽的刘三姐，伶牙俐齿，能言善辩。有一次，一才子故意刁难她。他脚踩马蹬，挺身悬空，问刘三姐：

"你说我是上马还是下马？"

刘三姐不慌不忙地一只脚踩在门外面，一只脚踩在门里，反问才子说：

"你说我是进门还是出门？"

才子无法回答。

点析

刘三姐面对才子这个必输无疑的问题，没有从正面作答，而是将计就计，反问一句，反而让才子陷入哑口无言的困境。

皇帝上当

从前有一个皇帝，向全国宣布说："如果有人能说出一件十分荒唐的事，并让我说出这是谎话，那我就把我的江山分给他一半。"

不久，来了一个官员，对皇帝说："万岁，我有把长剑，只要向天空一指，天上的星星就会落下来。"

皇帝听了说："这不稀奇，我祖父有个烟斗，一头衔在嘴里，一头能和太阳对火。"

官员听了，说不出话来就走了。

随后，又来了许多人，但都以失败而怏怏地离去。

最后来了个农民，挟着一个斗。

农民说："万岁欠我一斗金豆，我是来拿金豆的。"

皇帝吃惊地问："一斗金豆？我什么时候欠的？你在撒谎！"

农民不慌不忙地说："既是谎话，那您就给我一半江山吧！"

皇帝急忙改口："不，不，这不是谎话。"

农民笑笑："不是谎话，那就还一斗金豆吧。"

点析

农民想出一个让皇帝看起来简单，而实际回答起来较难的二难推理，使皇帝不知不觉地上当了。

打听隐私

A君与陈明不和，B君却与陈明友好，A君问B君：

"陈明闹离婚闹得怎样？"

"我的隐私你打听不打听？"

"怎么能打听朋友的隐私？"

"陈明是我的朋友，我能打听他这种事吗？"

点析

B君不好以实相告陈明闹离婚的状况，便将这困难选择推给A，借用A君的"怎么能打听朋友的隐私？"，妥善地化解困窘。

吉利在哪里

楚王攻打吴国，吴使沮卫融率人前去慰劳楚军。

楚将喝道："捆起来，杀掉，用吴使的血涂抹战鼓。"

接着，他们又问已被五花大绑的沮卫融：

"你来时占卜了吗？"

"占卜了。"

"占卜吉利吗？"

"吉利。"

"现在我要杀你，吉在哪里？"

沮卫融答曰："这正是吉利之所在。吴国派我来，本来就是试探将军的态度，如果将军发火了，那么吴国就将挖护城河，高筑城垒；如果将军态度和缓，那么吴国的防卫就会松懈。现在将军要杀我，吴国获悉后一定会加强警戒，死我一个而保全了国家，这不是吉利是什么？

他的这番话，让他免除一死。

点析

楚将所说的"占卜"，"吉利"都是对个人而言，而沮卫融故意曲解为"为国家占卜"，得出"死我一个而保全了国家"，这是吉利的。他的聪明回答，让他自己逃过了杀头之罪。

背诵 26 个英文字母

一位老先生家里来了一位客人，老先生为了炫耀一下自己的孙子如何聪明，硬要小孩子当着客人的面背诵 26 个英文字母。

小孙子刚背了一个 A 就卡壳了。

客人启发说：

“A 后面是什么？”

这个小孩子已记不得是 B，为掩盖不知便说：“所有其他字母。”

点析

在此对话中，客人的问题“A 后面是什么”含义是明确的，即紧跟着 A 的那个字母是什么？小孩子故意曲解，说“所有其他字母”，使自己摆脱了困境。

最高峰

1972 年，美国总统尼克松访华时登长城，因腿有病只上了三个台阶就无力再登了。

这时有一位记者走过来，想“将”他一“军”：“总统先生，你何不登上最高峰？”

尼克松笑了笑说：“昨天我与毛泽东的会见已经是最高峰了，何必再来一次高峰呢？”

点析

尼克松总统面对记者的刁钻，首先抓住了关键词“最高峰”，然后突破“长城最高峰”的本义局限，赋予其“最高领导人的会晤才是出访的最高峰”的新义，一下子摆脱了窘境。

独裁者与大独裁者

1938 年 10 月，美国著名电影艺术家卓别林写了以讽刺和揭露希特勒为主题的电影剧本《独裁者》。

第二年春天影片开拍时，派拉蒙公司说：理查德·哈定·戴维斯曾用“独裁者”写过一出闹剧，所以这名字是他们的“专利”。

卓别林派人跟他们谈判无结果，又亲自找上门去商谈解决的办法。派拉蒙公司坚持说：

“如果你一定要‘借用’‘独裁者’这个名字，必须付出 2.5 万美元的转让费，否则就要诉诸法律！”

卓别林灵机一动，当即在片名前加了个“大”字，变为“大独裁者”，并且风趣地说：

“你们写的是一般独裁者，而我写的是大独裁者，这两者之间风马牛不相及。”

说完扬长而去，派拉蒙公司的老板们个个被气得目瞪口呆。

点析

卓别林通过加上一个“大”字，使外延较大的“独裁者”变为外延较小的“大独裁者”，取得这场论辩的胜利。

你能保密吗

罗斯福在海军任职时，一天，有位朋友向他打听海军在加勒比海一个小岛上建立潜艇基地的计划。

罗斯福向四周机警地看了看，压低声音问："你能保密吗？"

朋友答："当然能。"

罗斯福微笑着说："我也能。"

点析 ★

罗斯福用："你能保密吗？"这句诱导式的问话，使朋友回答"当然能"，这不仅使他既坚持了不泄密的原则，又不使朋友处于尴尬的境地。

何时结婚

日本著名电影演员中野良子到上海进行艺术交流活动时，中国朋友十分关心这位35岁还未结婚的电影艺术家的终身大事。有人问她什么时候结婚时，中野良子满面笑容而机敏地答道："如果我结婚，我就到中国来度蜜月。"

点析 ★

中野良子面对婚姻这个敏感的话题时，出于礼貌，又不能以无可奉告来回答中国朋友，她就暗里把"在何时结婚"的问题巧妙地转移到"在何地度蜜月"的问题上，这样很恰当而友好地回答了中国朋友提出的问题。

刘墉智答乾隆

一天，乾隆皇帝闲来无事，突然心血来潮，想难为一下聪明的大臣刘墉，便问他："京师九门每天出去多少人？进来多少人？"

刘墉一伸二指，答道："俩人儿！"

乾隆问："怎么只有俩人儿？"

刘墉解释道："万岁，我说的不是两个人，是两种人：一是男人，一是女人——不是俩人儿吗？"

乾隆一计不成又生一计，问道："你说一年生、死各多少人？"

刘墉答道："回禀万岁，全大清国，一年生一人，死十二人！"

"照此下去，岂不是就快没人了？"乾隆很不悦地说。

刘墉马上解释道："我是按属相来说的。比方说，今年是'马年'，无论生一千、一万，都属'马'，故说一年只生一个。而一年当中，什么属相的人都有死的，不管死多少，总离不开十二属相，所以我说一年死十二个。"

乾隆见朝中有如此机智的大臣，顿觉满心欢喜。

点析

乾隆是有意刁难刘墉，刘墉面对皇帝刁钻的问题能一一应对自如，足可见他的机智。

契诃夫的智答

俄国作家契诃夫成名之后，家里总是不断有慕名而来的崇拜者，有一些人本来就很浅薄，却故弄高雅地提一些难以回答的问题。

有一天来了三位上流社会的妇女，她们一进来就力图表现出关心政治的样子问契诃夫："安东·巴甫路维奇，你以为战争将会怎样呢？"

契诃夫咳嗽两下后回答说："大概是和平。"

"当然啊！会是哪一方面胜利呢？希腊人还是土耳其人？"

"我认为是强的一方面胜利。"

"那么照你看来，哪一方面是强的呢？"

"就是营养好教育高的一面。"

点析 ★

面对这些故作高雅的妇人喋喋不休的追问，契诃夫实在不愿回答，所以他机智地运用诙谐幽默、玩笑打诨的话语作为遮掩，巧妙地加以避开。

巧妇为炊

在湖南民间，有位张老汉给儿媳妇们出了这样一个难题：要她们用两种材料，炒出十种材料的菜；用两种材料，蒸出七种材料的饭。哪个做得出，就可以当家作主。

有位巧媳妇用韭菜炒鸡蛋作菜，绿豆和大米蒸了大碗饭，端到张老汉面前。

张老汉一看便说："我要的是十种材料的菜和七种材料的饭，怎么都只有两种？"

巧媳妇说："韭菜和鸡蛋，九加一不是十样？绿豆和大米，六加一，不是七样？"

张老汉连连点头，于是把当家的账簿给了这位巧媳妇。

点析

巧媳妇的"巧"，就在于利用了"韭"当"九"同音，以及"绿"在湖南方言中与"六"发音相近，从而解决了难题。

合乎诗意的美餐

苏轼的家里有一位老厨师，厨艺高超，做出的菜肴，色鲜味美，独出心裁。因长期受到文化熏陶，竟能背诵许多首唐诗宋词。

一年春天，苏轼取出二两银子对老厨师说："你用二两银子，给我准备一顿合乎诗意的美餐，既要新鲜别致，又必须与诗意吻合。"

老厨师回到厨房想了想，买了两个鸡蛋，给苏先生做了四个菜。

开饭时，老厨师托盘端出四个菜摆在桌上。苏轼一看乃是四碗清汤：一只碗里两个鸡蛋黄，一只碗里几块蛋清，一只碗里浮一层白沫儿，一只碗里飘着两个蛋壳。

苏轼一看就火了，厉声责问老厨师："二两银子，就做这么四道清汤吗？"

老厨师回答："先生勿怒，这可是一桌新鲜别致的唐诗菜呢！"老厨师指着碗里的两个蛋黄说："这一碗是两个黄鹂鸣翠柳。"指着蛋清说：

“这一碗是一行白鹭上青天。”指着蛋沫儿说：“这一碗是窗含西岭千秋雪。”最后指着两个蛋壳说：“这是个门泊东吴万里船。先生，您看这菜合乎您所要求的诗意吗？”

苏轼听后仰天大笑：“甚合诗意，有赏！有赏！”

点析

苏轼要老厨师做一顿合乎诗意的美餐，老厨师仅用两个鸡蛋就做出了四道新鲜别致的“唐诗菜”，一碗菜有一句唐诗名。苏轼听了老厨师的妙解之后，怒气马上消了，反而仰天大笑起来。老厨师不仅厨艺高超，而且能灵活借用诗歌，真可谓聪明、机智。

张作霖手黑

有一次，张作霖出席名流雅席。席间，有几个日本浪人突然声称，久闻张大帅文武双全，请即席赏幅字画。张作霖明知这是故意刁难，但在大庭广众之下，确实“盛情”难却，他满口答应，吩咐笔墨侍候。只见他潇洒地踱到桌前，在铺好的宣纸上，大笔一挥写了个“虎”字。然后得意地落款：“张作霖手黑”。钤上朱印，踌躇满志地掷笔而起。那几个日本浪人，二丈摸不着头脑，面面相觑。

机敏的随身秘书一眼发现了纰漏，“手墨”，（亲手书写的文字）怎么成了“手黑”？他连忙贴近张作霖身边低语：“您的‘墨’字下边少了个‘土’，‘手墨’变成了‘手黑’。”

张作霖一瞧，不由得一愣，怎么把“墨”写成“黑”了？如果当众更正，岂不大煞风景？张作霖眉梢一动，计上心来。故意呵斥秘书道：“我还不晓得这‘墨’字下面有个‘土’？因为这是日本人索要的东西，怎能

让他们把土带走呢？这就叫寸土不让！”

语音刚落，满堂喝彩。那几个日本浪人这才领悟出味来，越想越没趣，只好悻悻退场了。

点析

张作霖“呵斥”秘书的话很好地打击几个日本浪人，这充分体现了张作霖随机应变的能力。

上帝派我监督你

1923 年秋，冯玉祥将军在任“陆军检阅使”时，原配夫人刘德叔因病逝世。这时候，有些北京姑娘，想成为“陆军检阅使”夫人。冯玉祥择偶的方式很特殊，他采取当面考试的办法以定成否。他和她们谈话，首先问对方：“你为什么和我结婚？”

有的姑娘答：“因为你的官大，和你结婚，就是官太太。”

有的女士说：“你是英雄，我爱慕英雄。”

对这样的回答，冯玉祥一律摇头，表示不满意。

后来，马伯援介绍李德全与冯玉祥见面，冯将军照例问：“你为什么愿意和我结婚？”

李德全调皮地说：“上帝怕你办坏事，派我来监督你。”

后来，冯玉祥认定了这位女孩。

点析

李德全在回答冯玉祥的提问时，比其他女孩略高一筹，她的话富有辛辣味儿，而且显得风趣幽默，最终，赢得了冯玉祥的心。

日本人的谈判术

日本航空公司派出的三位商人代表和美国一家公司的代表谈判。美方花了两个半小时用图表演示解说，电脑计算，屏幕显示大堆资料等方式来回答日方的报价。日方人员只是静坐在一旁。

美方人员终于演说完了，关掉机器问日本代表：“你们意下如何？”

日方代表彬彬有礼地说道：“我们看不懂，请您再重复一遍。”

美方终因对长达两个半小时的介绍失去信心，不惜代价，达成协议。

点析

日方代表听了美方代表的详细介绍之后，只表示我不懂，请你再介绍一遍。表面上像是折了面子，其实不然。这是一个攻心的策略，日方代表当然知道对方是不会照样再重来一遍的，这样一来把主动权又握回来了，日本代表的这一招看似非常愚笨，实际上却起到了以拙制巧的功效。

顾维钧的机智

顾维钧是我国20世纪初著名的外交家。在担任驻美公使期间，有一次他去参加各国使节团的国际舞会，与他共舞的一位美国小姐突然问了他一个不易回答的问题：“请问您喜欢中国小姐还是美国小姐？”

顾维钧微微一笑，说：“不论是中国小姐还是美国小姐，只要是喜欢我的人，我都喜欢她。”

点析

这个问题不好回答，若说喜欢中国小姐，可能得罪美国小姐；若说喜欢美国小姐，又有作公使的自尊；说都喜欢吧又显得没水平。顾维钧避开了以上矛盾的回答，显得既贴切又得体，不卑不亢，令人钦服。

艺人治县官

从前有个县官非常可恶，凡是来打官司的如果不给钱，就会被打得死去活来。

当地有个艺人编了出戏，叫《没钱就要命》。演出那天，县官也去看戏，一看演的是他，当时就火了，没等戏演完，就回到县衙，命令衙役把这个艺人传来审问。

那个艺人听说县官传他，就穿了龙袍，大摇大摆地跟着去了。

县官一见艺人带到，便把惊堂木一拍，喝道："大胆刁民，见了本官为何不跪！"

艺人指了指身上的龙袍说："我是皇帝，怎能给你下跪？"

"你在演戏，分明是假的！"

"既然你知道演戏是假的，为什么还要把我传来审问？"

点析

这个艺人假设了"演戏是真的"与"演戏是假的"两种情况，是真的则不能下跪，是假的则不能审问他，使得县官无话可审。

新三纲

一次智力竞赛抢答会上，主持人问：

“‘三纲五常’中的‘三纲’是什么？”

一个女学生抢答道：“臣为君纲，子为父纲，妻为夫纲。”

她恰好把三者说颠倒了，引起哄堂大笑。

这位女学生意识到这一点之后，立刻补充道：“笑什么，我说的是‘新三纲’。”

她补充说：“现在，我国人民当家作主，是主人，而领导者不管官多大，都是人民的公仆，这岂不是‘臣为君纲’吗？当前，计划生育，一对夫妻只生一个孩子，这孩子成了父母的小皇帝，这岂不是‘子为父纲’吗？现在，许多家庭中，妻子权力远远超过了丈夫，‘妻管严’、‘模范丈夫’比比皆是，岂不是‘妻为夫纲’吗？”

女学生的话刚落，大家都为这位女学生的辩才热烈鼓掌。

点析 ★

这位女学生把“三纲”答颠倒了，但她立即运用巧释词义的方法对“三纲”作了新的解释，不仅摆脱窘境，而且赢得了掌声。

大人物与婴儿

国外有一个导游陪同旅游团到某一个历史名城参观。

游者问："请问有什么大人物诞生在这个大城市吗？"

导游一下子茫然了，因为他根本不知道。但他非常机敏地说："不！先生，这个城市里诞生的都是婴儿。"旅游团里的人们哈哈大笑。

点析

导游面对自己不知道的问题时，非常机敏地以实际的回答转换问题实质，化解难堪。

李白"上当"

唐朝有个人名叫汪伦，家住在安徽泾县桃花潭边的万村小镇。他十分仰慕当朝的大诗人李白，又恨无缘相识，一直想寻个机会亲睹一下这个"诗仙"的不凡风采并交个朋友。

有一次，碰巧李白遨游名山大川到了皖南。汪伦寻思：有什么妙法可以结识李白呢？他忽然想起李白一爱桃花，二爱喝酒，便灵机一动，给李白写了封邀请信。信上说："先生好游乎？此时有十里桃花。先生好饮乎？此地有万家酒店。"

李白接到此信，欣然赶到桃花潭来见汪伦。两人寒暄后，李白说："我是特地来观十里桃花，尝万家好酒的。"汪伦这才告诉李白："十里

桃花说的是十里之外的桃花渡，万家酒店是指万家潭西一个姓万人家开的酒店。”李白听罢，才知自己“上当”了，大笑不已。李白在汪伦家盘桓数日，临别时，李白感激汪伦一片盛情，特作了《赠汪伦》绝句一首相赠。

点析 ★

汪伦利用词语的歧义达到热情邀请李白的目的。“十里桃花”可以表示遍地桃花的含义，也可以表示某一潭水的名称，“万家酒店”可以表示无数酒店，也可以表示店主人姓的酒店。李白只好高兴地“上当”了。

计算收成

一位老汉面见县太爷报告灾情。

县官问：“麦子收了几成？”老汉回答：“三成。”

“玉米收了几成？”“二成。”

“棉花收了几成？”“二成。”

县官大怒，说：“有了七成的年景，你还报是灾年，想欺上吗？”老汉听完县官的指责，换了口气说：“我活了160岁，还从未见过这么大的灾荒年呢！”

县官有些惊诧。

老汉说：“我今年70岁，大儿子50岁，小儿子40岁，合起来可不是160岁吗？”

县官道：“哪里有这样计算年龄的？”

老汉也说道：“可是哪里有您这样计算收成的？”

点析 ★

老汉听了县官荒谬的计算收成方法，没有直接指出他的不是，而是如法炮制了一种计算年龄的方法，说自己“活了160岁”，最终驳得县官哑口无言。

巴拉根仓赢王爷

巴拉根仓是蒙古族中广为传颂、深受人民喜爱的英雄和幽默人物。人们说：“王爷的牛羊多，巴拉根仓的智慧更多。”

有一次，王爷坐轿出门，只见前呼后拥，威风凛凛，想不到巴拉根仓在半路上挡了他的大驾。王爷没有发怒，却想试试他的智慧，于是说：“都说你最有本事，今天你能把我从轿子里骗下来吗？”王爷自以为会难住巴拉根仓，得意地大笑起来。

“不敢，不敢，我怎么能赶王爷下轿呢！绝对不敢。不过，如果王爷要是下了轿，我倒有办法请你上轿。”巴拉根仓一本正经地说。

王爷问“真的吗？”

“凭小人这点智慧，请王爷上轿的事是完全办得到的。”巴拉根仓答道。

王爷心想：我偏不上轿看你怎么办。便答应说：“好，好。”说着从轿里跳下来。

巴拉根仓等王爷两脚刚一落地，笑着说：“聪明的王爷，这不是把你骗下轿了吗？”

王爷被巴拉根仓耍得张口结舌，直瞪着那双臃肿的眼睛，一句话没说就又钻进了轿子。

“看，聪明的王爷，我不仅让你下了轿，还让你一句话没说又上了轿。”

随从们见王爷气得嘴歪眼斜，都偷偷笑起来。

“真是个骗子！快抬轿走！”王爷大怒说。

轿子刚抬起来，巴拉根仓喊道：“站住！”

王爷以为巴拉根仓又出什么鬼点子，忙叫车子停下，巴拉根仓哈哈大笑说：“谢谢王爷接着巴拉根仓的话又把轿子停了下来。”

巴拉根仓说着催马赶路去了。

点析 ★

王爷本想考一考巴拉根仓，没想到反被巴拉根仓耍得面红耳赤，嘴歪眼斜，感到无地自容。巴拉根仓不愧为蒙古族中广为传颂、深受人民喜爱的幽默人物。

圆智妙答乾隆

圆智是清代乾隆年间宁波天童寺的当家和尚。它虽无点化之术，却颇有应变之才。

那年，乾隆皇帝只身微服南下，来到宁波后，便独往天童寺而来。不一会儿，乾隆便来到了眼前。圆智在他身前合十躬身轻声道：“小僧天童寺主持圆智接驾来迟，万望恕罪。”乾隆听说这个人就是圆智，想先给他个“下马威”，于是，马上把面孔一板，厉声问道：“你既知朕躬到此，为何不率领众僧，大开山门，跪接圣驾？你这轻轻一揖，莫非有意亵渎圣躬！该当何罪？”

圆智不慌不忙地说：“小僧岂敢亵渎圣躬，只因这次圣上南巡，乃是微服私访。小僧要劳师动众，恐引起游人瞩目，有碍圣上安康，故小僧一个人悄悄在此相迎。”乾隆听他说得入情入理，只好说：“恕你无罪，前面带路便是。”一路上，乾隆又道：“大和尚，今日朕躬上山，你能不能

把我比上一比？”圆智闻言，暗自思忖：“这可不好比。要比得不好，全寺遭殃。”但他忽然脑子一转，笑着说：“万岁爷上山，可有一比：如比佛爷带你登天，一步更比一步高！”乾隆一听，心里好不舒服：圆智自比佛爷，上风被他占了，可又无可指责，只好暂时作罢。

乾隆离寺时，圆智送他下山。当走到山腰时，乾隆想起了上山之事，就又想难一难圆智，便说：“我上山时，你说我是一步更比一步高，现在我下山了，你可怎样说呢？”乾隆说完，得意地瞅着圆智，心里想，上山是爬高，好比；下山是落低，看你怎么比法！谁知圆智稍思片刻，即从容答道：“如今又好比如来佛带万岁下山，后头更比前头高啊！”“啊！”乾隆一听，目瞪口呆。不禁对圆智的聪明机智产生一股敬佩之情。

点析

乾隆皇帝多次想使圆智难堪，却没想到每次都被圆智的妙答解除了。以上的对话充分显示了圆智大师的机智聪明。

“一壶酒”与“一活鹅”

王羲之在某地当官时，有一天，一个年轻人来告状。年轻人说，因家境贫寒，一无所有，父亲临死前曾向某乡绅要一小块荒地，用来埋葬自己，乡绅满口答应，并讲明只要“一壶酒”的酬谢。不久，老人死了，年轻人很快送去一壶酒以表感谢之情。哪知乡绅把脸一翻，大声怒吼，竟说当时讲明是“一湖酒”。年轻人有口难辩，出于无奈，只得到王羲之处告状。

听罢年轻人的诉说，王羲之问：“你说的都是实情。”年轻人说：“是”。“你讲的都是真话？”答曰：“不敢有假。”王羲之略作思考，就匆匆打发年轻人回去了。

第二天，王羲之若无其事地到了乡绅那里。乡绅盛情款待，并提出求写墨宝的意向。王羲之并不推辞，随即挥毫写了几个大字。乡绅喜出望外，为了表示对王羲之的谢意，乡绅问应送点什么礼品。王羲之顺口说出："只要一活鹅"。乡绅暗暗心喜："那算得了什么？"第二天，乡绅便提着一只活鹅送到官府，王羲之把脸一沉："当时说好是一河鹅，现在怎么仅送来一只鹅？"（当地"活""河"同音）乡绅辩解道："大人，鹅是以只计数，从不以河计数的呀！"王羲之反问："既然鹅以只计数，难道酒是用湖来计数的吗？"乡绅恍然大悟，从此再也不敢向年轻人去讨酒了。

点析

乡绅利用"壶"与"湖"同音，刁难年轻人，说要一湖酒。王羲之听了年轻人的告状之后，仿效乡绅的做法，巧妙地利用当地的"活"与"河"同音，向乡绅要一河鹅，而不是一只鹅，真可谓是"以牙还牙"。最终，乡绅不再向年轻人讨酒了。

哲理妙答

讲里与讲礼

一个小伙走迷了路，正无计可施时，见路边有一老丈在干活，于是跑上去问路。

小伙大声地问："喂！老头！到李家庄走哪条路，还有多远？"

老丈见小伙子粗声粗气，不讲礼貌，很不高兴，但还是答道："走大路一万丈，走小路七八千。"

小伙奇怪地问："怎么这儿论丈不论里？"

老丈略微一笑，说："小伙子，原来你也会讲'里'(礼)？"

小伙子自知失礼，连忙惭愧地向老汉表示道歉。

点析 ★

老人面对小伙子的无礼，心中虽很不快，但没有正面指斥他，而是巧设了一个语言陷阱，利用"里"与"礼"的谐音。巧妙地教育了小伙子，效果很不错。

哲人与庸者的区别

有人问古希腊大哲学家亚里士多德："你和平庸的人有什么不同？"

亚里士多德回答："他们活着是为了吃饭，而我吃饭是为了生活。"

点析

平庸者活着每天无所事事，饱食终日；而哲人吃饭是为了创造丰富多彩的生活，对人类有所贡献。

各自保住自己的宝

春秋时，宋国有人偶然得到一块宝玉，想将它献给执政大臣子罕，子罕不受。献玉者见状，急忙解释说：“我把它拿给加工玉石的师傅鉴别过，他认定这是宝玉。所以才敢献给您。”子罕其实并非不知玉石的价值，只是不想受贿而已，于是明确地回答说：“我是把‘不贪’当作宝，你把玉石当作宝。如果你把它给了我，你我都丢了宝啦。还不如各自都保住自己的宝吧。”

点析

常言道：“吃人家的嘴软，拿人家的手软。”要想秉公办事，不受制于人，就得保持廉洁。所以，“不贪”不仅是子罕之宝，也是我们今天从政处世的法宝。

烧　茶

在一个寺庙里，有一个苛待徒弟的大喇嘛。他自己夏披绸子，冬穿皮子，小徒弟却一年到头光着腚没一条裤子。夏天还好混，一到冬天两条腿冻得紫里透青。可是狠心的师父却说：“小孩子的屁股上有三盆火，用不

着穿裤子。”

一天，寒风刺骨，大喇嘛家里来了客人。师父赶紧吩咐徒弟去烧茶。

徒弟去了半天，不见回来。师父等得不耐烦了，便到院子里去喊徒弟。

大喇嘛出去一看，那个小徒弟领着两个小喇嘛，正撅着屁股，顶着茶壶，在院子里趴着哩。大喇嘛气得浑身发抖，厉声喊道：“让你烧茶，你为什么在这里胡闹？”

小徒弟不慌不忙地答道：“师父啊！我哪里敢胡闹？我是在给你烧茶哪！您不是说小孩子的屁股上有三盆火吗？我们三个人的屁股上该有九盆火了，可为什么还烧不开一壶茶呢？”

点析 ★

面对师父的谬论，小徒弟来了个将计就计，让师父无可辩驳。

肚里无货

有一位秀才年年乡试都落第，他每次写文章便像吃了苦药一般，抓耳挠腮，迟迟下不了笔。妻子看他那愁眉苦脸的样子，心中老大不忍，大发感慨：“唉，你们男人做文章真比我们女人生孩子还难啊！”秀才哭丧着脸说：“那当然，你们肚子里有货，我的肚子没货啊！”

点析 ★

这虽然是一则笑语，却给了我们很深的启示：一个知识贫乏，腹中空空的人是做不出文章来的。秀才已经意识到了这一点，他如果此时警醒，应该为时未晚。

为什么还要睡在床上

一位英国水手准备出海远航，他的一个朋友问他：“你的父亲是怎样死去的？”

“死在一次海难事故中。”水手很平静地回答。

“那你的祖父又是怎样死的？”朋友又问。

“也死在海上。一次突然而来的热带风暴夺去了他的生命。”水手依旧平静地回答。

“天啊！水手的朋友这时大声嚷着，“那你为什么还要当水手，去海上远航呢？”

水手淡淡一笑，反问道：“你父亲是怎样死的？”

“死在床上。”朋友答。

“祖父呢？”水手又问。

“也死在床上。”

“朋友，那你为什么每天晚上还要睡在床上呢？”水手爽朗地大笑起来。

点析 ……★

水手仿照朋友问话的方式，不仅巧妙地反驳了朋友的观点，还造成了幽默。

一屋不扫何以扫天下

东汉有个人叫陈蕃，有一天，他父亲的好友薛勤来访，见他独居一室，室内杂乱，龌龊不堪，当时薛勤就批评他："你这小孩，怎么不打扫房间，迎接客人呢？"

陈蕃说："大丈夫活在世上，要干的是轰轰烈烈的大事业，扫除天下之不平，哪里会去扫除一室之污秽呢？"

薛勤则说道："你这一间屋子的污秽都不扫除，哪里还能去扫除天下之不平呢？"

陈蕃被驳得哑口无言。

点析

古人云：一叶落而知天下秋，窥一斑而知全貌。薛勤从陈蕃懒于扫地这件小事，以小见大，见微知著，得出他不能干大事业的结论，切中要害。

比宝物

战国时，齐威王与魏惠王在城外会面，并一起打猎。在打猎休息的时候，魏惠王想乘机向齐威王炫耀一下自己国家的富有，便问齐威王道："贵国有宝物吗？"

齐威王回答："没有。"

魏惠王听了，洋洋得意地说："我们国家虽然小，但也有能够照亮前后十二辆车的宝珠十枚，而拥有万辆兵车的你们，会没有宝物？”

齐威王说：“我所拥有的宝物跟你拥有的宝物有些不同。我有个臣子叫檩子，派他守御南城，楚国人便不敢朝东面向我国进攻，且泗上一带十二个小国来朝贡；另一个臣子叫盼子，派他守卫高唐，越国人便不敢越过黄河渔猎；另一个叫种首的臣子，我让他管理治安，结果齐国道不拾遗，夜不闭户。这些人都是世上罕见的宝珠，他们的光芒可以照耀千里，岂止区区十二辆车啊！”

魏惠王听后，满脸羞愧地告辞离去。

点析 ★

齐威王以本国的人才为宝物，跟魏惠王的十个能照亮十二辆车的宝珠相比，间接地讽刺了魏惠王的庸俗，在比宝较量中胜出。

把鸡蛋立起来

哥伦布发现新大陆后，一些人不服气，在庆功宴上公开说：

“发现新大陆有什么了不起？任何人通过航海都能到达大西洋彼岸，这是世界上最简单不过的事……”

对于这种非难，哥伦布没有马上反驳，而是从桌上拿起一个鸡蛋，说：

“先生们，这是一个普通的鸡蛋，谁能让它立起来呢？”

鸡蛋在宴会者中间转了一圈，也没人能立起来。

当鸡蛋转回到哥伦布手中时，他敲破了鸡蛋的一端，毫不费力地把鸡蛋立了起来。

不服气的人顿时吵嚷起来。哥伦布说：

“这难道不是世界上最容易做的事吗？然而你们却做不到。是的，当人们知道了某些事怎么做后，也许一切都很容易了。”

点析

哥伦布没有直接反驳对方，而是抓住身边“竖鸡蛋”的小事，以此说明一个大道理，他这样以浅喻深，以近喻远，达到很好的说服效果。

雷锋精神是否过时

战地诗作者，1987 年广州青年十大新闻人物之一，广州军区组织部干事郑宏彪同志，在与广州某大学学生对话中，一位女学生提出了这样一个问题：“我感到雷锋精神已经过时了，你怎么看？”

郑宏彪没有正面回答她的问题，而是来了一个假设。他说：“假如你在大街上被汽车撞倒在地不能动弹，一些人从你的身边走过并嘲笑你，而我——郑宏彪上前把你搀扶起来，送你上医院。在这种情况下，你是喝令我走开，说这种精神已经过时了，还是从内心感激我呢？”

点析

郑宏彪的回答之所以能够取得绝妙的效果，是因为他把自己的观点与人们切身的利益有机地结合起来，让人觉得他的说教不空洞，不只是嘴上谈兵，这样就让人很有亲切感。

怕后生笑话

北宋文坛巨星欧阳修，一直保持一丝不苟的写作作风，即使到了晚年，仍将已写好的文章贴在卧室的墙壁上，仔细揣摩修改。

他的妻子心疼他不惜身体，便劝他说：“为什么这样自讨苦吃呢？又不是小学生，难道还怕先生生气吗？”

欧阳修笑着答道：“不怕先生生气，而怕后生笑话啊！”

点析 ★

欧阳修的话幽默风趣而又含意深远。他告诉我们：写书作文，即便是到了炉火纯青的地步，也马虎不得。因为文章是“经国之大业，不朽之盛事”，不仅要对得起长辈和同辈，也要对后代采取负责任的态度。

考虑自己与看透别人

中国科技大学党委书记刘吉经常与大学生对话。有一次，一位学生问他：“因为我看透了别人，所以我现在只考虑自己，你说我这样做对吗？”

“不对”，刘吉回答说，“就因为你只考虑自己，所以看透了别人。”

点析 ★

刘吉只是调动了一下学生问话的语序，却表达出一种全新的意思。一个人立身社会，怎样看待别人，这首先与自己的思想观念有关，如果处处只想着自己，就很难发现别人的优点和长处，相反，心胸开阔，与人为善，就很容易看到他人的善良和友好。所以，刘吉的话实际上是指出了这位同学的错误思想，同时也提醒他，只要擦亮心灵的窗户，就一定能看到人间的真、善、美。

话要说到点子上

子禽问他的老师墨子："老师，多说话到底有没有好处？"

墨子回答说："蛤蟆和苍蝇，白天黑夜不停地鸣叫，叫得口干舌燥，非但没有人听它们的，反而厌恶它们的聒噪。然而鸡棚里的雄鸡，只有在黎明前打鸣几声，大家听到鸡鸣就知道天亮了，于是都很留意它们的叫声。所以说话要说到点子上，要说得恰到好处。"

点析

墨子用蛤蟆、苍蝇与雄鸡作比喻，并进行对比，既生动又深刻。他的话告诉我们一个道理："说话不用多，而在于有用。否则，说得再多也是一堆废话，会惹人嫌。"同时，他的话对那些多嘴多舌、喋喋不休的空谈家，也是一个辛辣、有力的讽刺。

各有千秋

甘茂出使齐国，渡黄河时，撑船的人问他："河水之间的这点距离，你都不能自己渡过去，怎么能够作为君主的说客呢？"

甘茂答道："你这话错了，这是你不懂得其中的道理啊。事物各有长短。一个谨慎、谦恭、诚实、厚道的人，可以奉侍君王，却不能用他打仗；骐骥一类的良马，一天可以跑一千里，如果把它放在殿堂里，让他捉老鼠，还不如小狸猫；干将这种宝剑极为锋利，天下闻名，如果工匠拿去砍木头，还不如斧头好用。此所谓各有千秋也，人也是一样。”

点析

世界上的事物各有其存在的价值，人也如此。每个人都有自己的长处与短处，我们应该尽量发挥自己的长处，避免不足的地方，让自己的价值充分地展示出来。

美丑之分

杨朱是战国初期的有名哲学家。有一次，他长途跋涉去宋国。天黑时分，他投宿于路旁的一家旅店。旅店老板有两个老婆，那个长得丑的受到宠爱，而长得美的却受到冷淡和轻蔑。杨朱观察了半天，感到很奇怪，便悄悄地问老板：“你为什么宠爱那个长得丑的，而冷落那个漂亮的呀？”

老板回答道：“那个美的自己认为挺美，我就不觉得她美了；那个丑的呢，自己知道丑，我也就不觉得她丑了。”

点析

老板的话虽然有点滑稽，但其中也包含着深刻的道理。有些人把自身的外在美作为一种骄傲的资本，招摇过市，这样便无吸引力可言，反而使人恶心。相反，有些人虽然外表不见得美，但他们知道自己的不足，为人谦逊，这样，人们便觉得他们可爱可亲。

大圆圈与小圆圈

一次，有位学生问古希腊哲学家捷诺："老师，您的知识比我们多许多倍，您回答的问题又十分正确，可是您为什么对自己的解答总是有疑问呢？"

捷诺顺手在桌上画了大小两个圆圈，并指着它们说："大圆圈的面积是我的知识，小圆圈的面积是你们的知识。虽然我的知识比你们的多，但是这两个圆圈的外面，就是你们和我无知的部分。大圆圈的周长比小圆圈的长，因而我接触到的无知的范围比你们的多。这就是我为什么常常怀疑自己知识的原因。"

点析 ★

捷诺的话是极富有辩证性的。一个人有了一定的知识，接触和思考的问题自然也多起来，这时，他就会发现自己尚未弄清的东西也有许多。

乐观主义和悲观主义

有一次，一名新闻记者问英国的雄辩大师萧伯纳说："萧伯纳先生，请问乐观主义者和悲观主义者的差别何在？"

这时，萧伯纳抚摸着他最引以自傲的胡须回答："这还不简单，假定这里有一瓶只剩下一半的酒，看到这瓶酒的人如果高喊：'太好了！还有一半。'这就是乐观主义者。如果悲叹'糟糕！只剩下一半了。'那就是悲观主义者。”

点析

萧伯纳的回答虽然称不上是严格的定义，但这种风趣的语言，在引人发笑的同时，对人们从形象上掌握乐观主义和悲观主义的特征，确实很有启发作用，就好像一幅漫画，它不是对事物本质的定义，但却对人们了解事物的本质属性很有帮助。

不怕暴露愚蠢

有一次，人们对丹麦物理学家玻尔说：“他创建了世界第一流的物理学派，有什么秘诀没有？”玻尔诙谐而含蓄地说：“也许因为我不怕在我学生面前显露自己的愚蠢。”

点析

玻尔的话令人回味无穷，因为它不仅表现了玻尔的谦虚，更主要的是它以巧妙的方式表述了这样一些道理：要想取得成功，就应当放下架子，抛弃虚荣，不要因为害怕失败和丢面子而不敢实践和创新。

碰到地面才行

林肯的一些朋友喜欢侃大山，常常提出一些无多大意义的问题。

有一天，一个朋友问林肯：“一个人的腿应该有多长才称得上好看？”

“嘿！”林肯回答说，“至少应该长到碰到地面才行。”

点析

林肯的话实际上是告诫朋友，不要只图空谈，做人还是脚踏实地，多办实事，多说实话为好。

没知识的人掉不进去

泰勒斯是古希腊一位哲学家和天文学家。有一个夏天的夜晚，他仰望着天空的星辰，边走边思索着天文学上的问题，不小心掉进了坑里，引来周围人的哄笑。其中一位饶舌汉奚落泰勒斯说：“你自称能够认识天上的东西，却怎么连地上的坑也不认识而掉进去了呢？”

对这种无礼的取笑，泰勒斯起来后有力地回敬说：“只有站得高的人，才有从高处跌进坑里的权力和自由。没有知识的人，本来就躺在坑里，又怎能从上面跌进坑里呢？”饶舌汉被说得无地自容。

点析

面对饶舌汉对泰勒斯一次无伤大雅的过失的嘲笑，泰勒斯泰然处之，并凭借自己绝妙的口才回敬了他，将饶舌汉比做没有知识的人，因为只有没有知识的人，才有可能说出这样无知的话来讽刺他人。

大人物

爱因斯坦非常钦佩卓别林，在他的影片《摩登时代》公演的时候，爱因斯坦与卓别林碰面了。爱因斯坦对卓别林说：“世界上每个人都能明白你的影片《摩登时代》，你必将成为大人物。”卓别林紧握着爱因斯坦的手说：“我对你更加钦佩。世界上没人懂得你的相对论，但你已经成为了大人物。”

点析 ★

自然科学越高深、越尖端，懂得的人就越少；而文学艺术则往往是越伟大，就越能跨越国界，跨越时代，喜爱的人就越多。这两位世界名人带有夸张性的说法，恰好就反映了这一特点，所以读后既觉得有趣，又耐人寻味。

门采尔的告诫

一个绘画者去拜访德国著名画家阿道夫·门采尔时，向他诉苦道：“我真不明白，为什么我画一幅画用了一天工夫，可是卖出去却要一年？”

门采尔认真地告诫他说：“请倒过来试试吧，亲爱的！你用一年的工夫去画一幅画，那么只用一天工夫就准能卖掉它。”

点析 ★

门采尔把指责这位绘画家作画不认真，粗制滥造的话用一种建议性的、俏皮的语气来表述，收敛了批评的锋芒，也体现了大画家平易近人的性格。

学识与俸禄

著名的杜瓦尔是弗朗索一世皇帝的图书管理人。一天，某人问了他一个问题，他回答：“我不懂。”那个人就开始刁难他了：“可是皇帝是根据您的学识，才给您俸禄的呀。”

杜瓦尔于是回答：“皇帝按我所懂的东西的多少来给我俸禄，如果按我不懂的东西给我俸禄，皇帝的全部财宝也不够支付我的。”

点析

机智的杜瓦尔用反推的方式辩驳对方的观点：按不懂的东西给棒禄，则皇帝所有的财宝也不够支付。既委婉地否定了对方的说法，也表明了自己的恪尽职守。一个人不可能什么都懂：“知之为知之，不知为不知”，这才是最诚实的表现。

史光柱反诘女老板

一次，战斗英雄史光柱在朋友家里和一位年轻漂亮的女老板邂逅。

那位财大气粗的女老板问史光柱：“你为什么不利用你在世人中的影响和知名度去做生意呢？当今世道各人顾各人，英雄没钱又能怎么样？惟有钱才是真的，钱可以通人、通神、通鬼。”

史光柱没有正面回答女老板的问题，只是略加思索后反问道：“小姐，假如你在夜深人静的野外，突然遇到两个歹徒的袭击。他们把你逮住以后，要抢你的东西，要对你进行侮辱，刚好这时在不远处传来了脚步声，你会怎么办呢？”

“那我肯定要喊：‘救命啊！抓坏人呀！’”女老板不假思索地脱口而出。

史光柱平静地说：“他们不一定过来救你，因为歹徒手里有刀。”

见女老板愣了，史光柱点燃一根烟，进一步给她解释说：“用你自己的话来说，事不关己高高挂起，过路人未必会来冒险救你，这是其一；其二，既然钱可以通人、通神、通鬼，那么歹徒为什么不可以甩出一叠神力无边的钞票，来打发那本来就不想冒险管闲事的人呢？

女老板听后，半晌无言以对。

点析

史光柱仅仅举了一个歹徒袭击的例子，就轻而易举地证明了年轻漂亮女老板的“惟有钱才是真的，钱可以通人、通神、通鬼”的错误观点，让女老板无话可说。

刷鞋与吃饭

有一天，英国著名的讽刺作家斯威夫特带着随从外出游玩。在夜幕降临之际，他们在一家农舍住了下来。

斯威夫特叫随从给他将脏靴子刷一刷，随从没有去做。

第二天，斯威夫特问起这件事，随从回答说：“路上满是泥尘，刷了有什么用呢？很快又会沾上的。”

斯威夫特没有说什么，只是叫他立即出发，随从说：“我们还没吃饭呢！”

斯威夫特回答说："现在吃饭有什么用呢，吃过了你过一会儿又会饿的。"

点析

斯威夫特的随从以"鞋子刷了还会沾泥尘"作为不刷鞋的理由，斯威夫特却以"吃了饭还会饿，吃饭有什么用"回击了他。

乐观的职员

某公司的职员被升调至分公司服务。决定人事调动的经理怕他心里难受，便想安慰安慰他："嘿！小伙！用不着太气馁，不久以后，我们还是会把你调回总公司来的！"

职员："哪里，我才不会气馁呢！我只不过觉得像个董事长退休的心情而已，哈！哈……。"

点析

人生在世，不如意之事常八九，总会遇到各种烦恼和挫折，关键看我们以什么态度来面对它。这位职员被外调之后，能够如此泰然处之，可见他是一个精神上的富有者，是一个能做精神深呼吸的人。

子死不忧

梁地有个叫东门吴的，他的儿子死了，但他一点悲痛也没有。

妻子奇怪地问道："你是很喜欢儿子的，现在儿子死了，你却一点悲痛都没有，这究竟是为什么？

东门吴回答道：

“我曾经没有儿子，没有儿子的时候我不悲痛。现在儿子死了，也就是没有儿子了，我为什么就悲痛呢？”

点析

在此段对话中“没有儿子”，字面意义完全相同，都是指“没有儿子的时候”。但根据语境可知它表示两个意思：一是指儿子还没有出生；二是指儿子死去了。东门吴就是利用这个字同、音同、字面意义相同的“没有儿子”来解释自己“子死不忧”的。

长久地吃鱼

《韩非子》记载。

公仪休担任鲁国的相国，非常喜欢吃鱼，人们知道了他的这一嗜好后，便争着买鱼送给他。公仪休则一概不收，退了回去。公仪休的弟子见状，非常奇怪，问道：

“你这么喜欢吃鱼，可人们送鱼给你，你却一条鱼也不收，这是为什么呢？”

公仪休答道：

“正因为我喜欢吃鱼，所以我不收人家的鱼。如果我收人家的鱼，拿人家的手短，吃人家的嘴软，就无法公正地执行国家的法律；无法公正地执行国家的法律，就无法保住自己的相位；无法保住自己的相位，到时人们不再送鱼给我，我自己又无法抓到鱼，所以即使我喜欢吃鱼也还是吃不到鱼。如果我不收人家的鱼，那么我可以保住自己的相位；保住了自己的相位，我反而可以长久地吃到鱼。”

点析

公仪休用辩证推理的方法说明自己不能收人们送的鱼，这样才能保证自己可以长久地吃到鱼。

没有随便的工作

罗斯福总统的夫人在本宁顿学院念时想要找一份工作，修几个学分。她父亲把她介绍到他的朋友，也就是当时担任美国无线电公司董事长萨尔洛夫将军那里去。

见面后，她对将军说：“我想随便来干点什么。”

将军马上回答道：“没有一类工作叫‘随便’。成功的道路是目标铺成的。

点析

长远的目标或短期的目标，都是鼓舞和推动每一个人前进的动力。缺少人生的目标，将如同迷航的帆船，在人生的大海中飘摇不定，不知从何处努力，不知何处是归宿。因此，我们每个人无论在做什么事情之前，都要确立好目标，这样才能有所成就。

愿望的作用

前英国首相詹姆斯·拉姆乔·麦克唐纳，在他当政时与一位政府官员讨论持久和平的可能性问题。

这位政府官员是位外交事务专家，对首相的理想主义观点无动于衷。他以不屑一顾的口吻说：“要求和平的愿望不一定能保持和平。”

“完全正确。”麦克唐纳说，“要求吃的愿望也不一定能使你充饥，但是它至少可以使你向餐馆走去。”

点析 ★

主观愿望与客观事实是有根本差别的，但是在人类社会中，客观条件及事实的改变总是与人的活动相关联的，而人的活动的积极程度又受到愿望的影响，可以说愿望是人的活动的内在动力因素之一，没有愿望就谈不上自觉性、主动性，也谈不上促使客观事物朝着有利于人的方向发展。可见，麦克唐纳的比喻说明颇具哲理。

找不到“礼貌”

售货员与顾客之间往往有些矛盾和冲突，特别是购货时拥挤不堪，难以顺利交易时，每个人的脾气就犹如枪弹上膛，一触即发。

这天，一位女士就遇到了这样的情况，并且与售货员发生了一些小小的口角。这位女士愤愤地对结账的小姐说：“幸好我没打算在你们这儿找‘礼貌’，在这儿根本找不到。”

结账小姐沉默了一会儿，说：“你可不可以让我看看你的样品？”

点析 ★

商场中顾客与商家之间的矛盾冲突是日常生活中较为常见的，这里的售货员与购物女士因一件小事而引发的一场小小的口角便是如此。结账小姐话的意思其实是提醒女士的行为本身也是一种不礼貌的行为，从而使双方都冷静下来，意识到了自己的错误。

最多损失一个白痴

一场可怕的暴风雨过去后，一位大腹便便的暴发户对阿里斯庇普说："我刚才一次也没有害怕，而你却吓得脸色苍白。你还是个哲学家呢，真不可思议。"

阿里斯庇普回答说："这并不奇怪，我害怕，是因为想到希腊即将失去一位像我这样的哲学家……但是，你有什么可担心的呢？你如果淹死了，希腊最多也不过是损失了一个白痴！"

点析

阿里斯庇普并没有否认自己的害怕，他的聪明之处是在暴发户结论的基础上，另辟路径，为暴发户的结论作了一个更加幽默的解释，从而将暴发户的结论推上不打自败的境地，阿里斯庇普的回答闪耀着智慧的灵光。

你擦谁的鞋子

有一天，美国前总统正在擦他自己的皮鞋时，被一个外国的外交官正好看到，这位外交官感到十分惊讶："怎么，总统先生，您竟擦自己的鞋子？"

"是的。"林肯回答，"那么你擦谁的鞋子！"

点析

林肯明知外交官的意思是为什么不配备服务员擦鞋，外交官的重点是对“你”发问，而林肯却故意把它看成是对“自己的”发问，于是顺势反问一句，暗含外交官帮别人擦鞋之意，巧妙机智，如果对方是不怀好意之人，则回敬效果很强。

心有灵犀

有一位水平一般的导演，向观众询问对他的作品的看法：“你们对我拍的影片有什么评价？”观众说：“很好呀！大家都说您拍的电影总是想观众所想，与观众的欣赏水平高度和谐。”导演听了很诧异“真的是这样吗？……那为什么影片没放完，人就走得差不多了呢？”观众回答：“那是因为影片要怎样结尾，观众早已经料到了嘛，这简直是导演和观众心有灵犀一点通啊！”

点析

观众开始所说的话，很容易让人误会为拍马屁之词，听了后面的话，大家才会恍然大悟。这位幽默的观众风趣地指出了这位导演的弊端，既一针见血，又给导演留足了面子，让读者饶有兴趣。

和毛驴一模一样

阿凡提害眼病，看不清东西，国王取笑他说：“你总是把一件东西看成两件，是吧？”你本来穷得只剩一只毛驴，现在可阔了，有了两只了。”

阿凡提说：“真是这样，我现在就看见你有四条腿，和我的毛驴一模

一样。”

点析

国王本想嘲弄阿凡提一番，却被阿凡提反戈一击，骂作“毛驴”，自然是哑巴吃黄连。

还有一点点慈悲

美国有一位百万富翁，他的左眼坏了，于是花了一笔巨款装了一只假眼。这只假眼装得惟妙惟肖，几乎可以以假乱真。百万富翁十分得意，经常在人们面前炫耀他的那只假眼。

有一次，他碰到马克·吐温，于是照例问：“先生，你能猜得出来吗，我的哪只眼睛是假的？”马克·吐温一本正经地端详了半天，终于指着他的左眼说：“这只是假的。”

百万富翁十分惊异，说：“你怎么知道的？根据什么？我这只假眼可不是每个人都能看出来的呀。”

马克·吐温笑了笑，回答说：“因为你只有这只眼睛还有一点点慈悲。”

点析

富翁花巨资在一只假眼上，本身就是一件极奢侈之事，而他还经常以此在人前炫耀，更可知富翁不是什么善心人士。马克·吐温借着富翁炫耀之际巧妙地批判了他的为富不仁。

公鸡报晓

俄国著名生物学教授费·奥·格瓦列夫在一次讲课时，突然间，有个家伙故意捣乱，学起了公鸡的啼叫声，顿时，引起了课堂里哄堂大笑。

当时，这位教授却不动声色地看一看自己的怀表！接着说："我的这只表误时了，没想到现在已是凌晨。不过，同学们请相信我的话，公鸡报晓是低等动物的一种本能。"

课堂里顿时也响起了一阵喝彩声。

点析 ★

教授费·奥·格瓦列夫没有立即指责学生学公鸡叫扰乱课堂，而是风趣地说这是"公鸡报晓"，是"低等动物的一种本能。"这样很好地批评了学生。

弄臣嘲讽但丁

有一次，但丁遇到一个亲王的弄臣。弄臣问他："你聪明绝顶，但是贫，我虽然愚蠢，可却富有，你说这是怎么回事呢？"但丁冷笑着回答："等我将来遇到像我这样的人，而不是像你那样的人时，我就富有了。"

点析 ★

但丁面对弄臣的嘲讽，不是竭力争辩，而是如法炮制，还以颜色，这就直接嘲讽了弄臣本人，使得他搬起石头砸了自己的脚，自食其果。

废奴主义者与牧师

在美国废奴运动中，废奴主义者菲力普斯到各地巡回演讲。一次，一个来自反废奴势力强大的肯塔基州的牧师问他：

“你要解放奴隶，是吗？”

“是的，我要解放奴隶。”

“那么，你为什么只在北方宣传？干吗不敢去肯塔基州试试？”

菲力普斯又问：“你是牧师，对吗？”

“是的，我是牧师，先生。”

“你正设法从地狱中拯救灵魂，是吗？”

“当然，那是我的责任。”

“那么，你为什么不到地狱去？”

点析

菲力普斯没有直接回答牧师的问话，而是“设置一个圈套”来反问牧师，从而让牧师落入“你为什么不到地狱去”这个陷阱中。菲力普斯轻而易举地战胜了牧师。

没有机会

丘吉尔在脱离保守党加入自由党时，一位反对丘吉尔的年轻妇女对他说：“丘吉尔先生，你有两点我很不喜欢。”

丘吉尔问："哪两点？夫人！"

"你执行的新政策和你嘴上的胡须！"夫人说。

"请不要在意，"丘吉尔彬彬有礼地答道，"你可没有机会接触到其中任何一点，真的，夫人！"

点析

丘吉尔针对一位反对他的年轻妇女对他的"两点不满意"，他幽默而不失礼貌地给予了回击："你可没有机会接触到其中任何一点，"话中有话，言外有音，充分显示出丘吉尔随机应变的才能。

什么罪也没有

古希腊大哲学家苏格拉底被奴隶主政权以传播异端怪说、败坏青年、反对民主等罪名处死。一位妇女见苏格拉底被无辜地拉去处死，便哭喊道："我的天啊，他们要杀害你了，可是你什么罪也没有啊！"苏格拉底笑着对妇女说："傻大姐，难道您希望我犯罪，做一个罪犯死去才值得吗？"

点析

苏格拉底的话深刻地揭露了奴隶主政权的丑恶面目。他在十分严酷的现实面前表现出的轻松与幽默，显示了他将生死置之度外，为正义和真理而无所畏惧的乐观主义精神，值得我们为之称赞。

请寄标点来

19 世纪德国著名的作家冯大诺在柏林当编辑时，曾有一次收到一位初学写诗但又很不认真的青年作家寄来的几首没有任何标点的诗，这位青年还附言道：“我对标点向来是不在乎的，所以如果被采用就请你自己填上吧。”

冯大诺感到很可笑，标点是作品的组成部分，没有标点怎么能表达好内容！于是他很快就将稿件退回，并且也附言写道：“我对诗向来是不在乎的，所以下次你投稿时只寄些标点来就好了，诗由我填上。”

点析

那位青年非但不学无术反而自视天高，诗不仅没注标点还敢在信中大言不惭，这样的人很是令人恼火。冯大诺面对这种事情时却做了平静的处理，他在回信中要青年下次只寄标点即可，实际上讽刺了青年的诗不值一文，连几个标点符号都不如。

闹饥荒的原因

英国作家萧伯纳与却斯连顿因宗教观及立场的不同，经常有些冲突。

有一天，却斯连顿在路上和萧伯纳相遇，便挖苦骨瘦如柴的萧伯纳说：“你真是丢尽英国人的脸，外国人看你这身骨头，还以为英国闹饥荒呢！”

萧伯纳看了一下满身肥膘的却斯连顿，带着冷笑回答说：“没关系，外国人只要一看到你，就知道英国闹饥荒的原因了。”

点析

却斯连顿本想用一番侮辱性的话来激怒萧伯纳，让他在公共场合丑态百出，没想到萧伯纳如此冷静和机智，只是轻轻反手一击，便击中要害，使却斯连顿无地自容。

新的感觉

工作组正在召开讨论会，研究怎样克服困难，进一步把工作搞好。大家都很积极地在出谋献策，可是有一个人不但不提建设性意见，反而老是泼别人冷水。

当一位青年人在发言时，那位爱泼冷水者又带着嘲讽的口气说：“我吃的盐比你吃的饭还要多，你当你自己很聪明，意见提得很正确对吧？”

青年人马上回答说：“以前我不敢这样想，不过碰到你以后，我就有这种感觉了。”

点析

青年人的回答既说明了自己不敢自以为很聪明，同时又通过“感觉”一词巧妙地表明自己比起那些只会说风凉话的人来说，还是聪明得多。

如何知道此事

乾隆某年，身中进士不久的李调元出任广东学政。到任不久，来了一位巡按大人。这位巡按原是个落第举子，因趋炎附势才弄了一个“从进士”的功名，一到广东便对正牌进士李调元心生妒意，总想找机会挫辱他。有一次对对联没有难倒李调元，这位巡按便想讥讽取笑李调元的恩师出气。他对李调元说：“听说你的老师是京中威重位显之人，但近来听说他常为如夫人洗脚，不知你是否知道此事？”

李调元见他辱及自己的恩师，心中暗恼，便答道：“眼见为实，如果真有此事，也只有他的奴婢丫环们才知道，大人您又是如何知晓此事的呢？”

点析

巡按想借羞辱李调元恩师来讥讽李调元，谁知反被李调元抓住了话柄，不但诡计没有达到，反而被当作“奴才”给骂了，真是偷鸡不成——反蚀一把米。

喝下有毒的咖啡

曾经有一位女议员在国会上对丘吉尔刻薄地说：“如果我是你的妻子，我就在你的咖啡里放上毒药。”

丘吉尔顺势回答说：“如果我是你丈夫的话，我就把那杯咖啡喝下去。”

点析

丘吉尔巧妙地接下女议员的话题并予以回答，言下之意就是：谁要是做了你这种恶毒泼妇的丈夫，那还不如死了的好！

给傻子让路

有一天，歌德在韦码公园里散步。在一条狭窄得只能让一个人通过的小道上，迎面遇见对他的作品提过尖锐讽刺的批评家。这位批评家十分傲慢无礼地说："我从来也不给傻子让路的！""而我却正好相反。"歌德一边说，一边满面笑容地让在一边。

点析 ★

歌德的行动看上去似乎是软弱地屈服了，他给傲慢无礼、侮辱了他的人让了步，但是他的话却包含着坚定不移的意思，他针锋相对，以牙还牙，毫不含糊地指出对方才是蠢货。

一条规则

有一次，马克·吐温向邻居借阅一本书，邻居说："可以，可以。但我定了一条规则：从我的图书室借去的图书必须当场阅读。"

一个星期后，这位邻居向马克·吐温借用割草机，马克·吐温笑着说："当然可以，毫无问题。不过我定了一条规则：从我家借去的割草机只能在我的草地上使用。"

点析 ★

马克·吐温用"以牙还牙"的方法回击了邻居，对话中，不失幽默、风趣。

萧伯纳答富翁

一个英国出版商想得到大文豪萧伯纳对他的赞誉，借以抬高自己的身份。

他想：要想得到萧伯纳的赞誉，必先赞誉那个人。于是他就去拜访萧伯纳。当他看到萧伯纳正在写文章评论莎士比亚的作品时，就说："啊，先生，你又评莎士比亚了。是的，从古至今，真正懂得莎士比亚的人太少了，算来算去也只有两个。"

萧伯纳已明白他的意思，让他继续说下去。

"这第一个自然是您萧伯纳先生了。可是，还有一个呢，您看应该是谁？"

萧伯纳说："那当然是莎士比亚自己了。"

出版商顿时像泄了气的皮球，悻悻地走开了。

点析 ★

萧伯纳明白出版商的意图后，当出版商问另一个是谁时，他很巧地回答"那当然是莎士比亚自己了。"这样，出版商自讨没趣，只好悻悻离开了。

为什么留大胡子

法国著名作家莫泊桑留着很长的胡子，有一次，一位贵妇人傲慢地对他说：

“你的小说没什么了不起的，不过说真的，你的胡子倒十分好看。你为什么要留这么大的胡子呢？”

莫泊桑淡淡地回答说：

“留着大胡子，至少能够给那些对文学一无所知的人一个赞美我的东西。”

点析

莫泊桑不动声色地指出傲慢贵妇人不懂他的小说、不懂文学，讽刺了贵妇人的无知。

葬礼与婚礼

莎士比亚《哈姆雷特》中有一段哈姆雷特与霍拉旭的对白：

霍：“殿下，我是来参加您的父王的葬礼的。”

哈：“请你不要取笑，我的同学！我想你是来参加我的母后的婚礼的。”

霍：“真的，殿下，这两件事相去得太近了。”

哈：“这是一举两得的方法，霍拉旭！葬礼中剩下的残羹冷饭，正好宴请婚礼上的宾客。”

（哈姆雷特的父亲是丹麦国王，他的叔父谋杀了他的父亲，夺了王位，又向他的母亲谄媚，他的母亲就嫁给了他的叔父。这些事都发生在短短的四个月之内。）

点析

哈姆雷特用“葬礼中剩下来的残羹冷饭，正好宴请婚礼上的宾客”这一句尖刻的对比，强烈地说明了他叔父的恶毒和他母亲的无耻。

一宿要 100 美元

一位男子走进一家咖啡馆，发现只有一位女士旁边还有一个空座位。

男士走上去，彬彬有礼地说：

“女士，我可以坐在你旁边吗？”

“什么，你要和我交朋友，我不是那种人。”女士气愤地回答。

“对不起，我不是那个意思……”男子回答。

“什么，你说，你要领我到红灯区（指西方国家夜里的淫乱场所）？”女士几乎是喊了出来。

男子尴尬地找到另一个角落坐下了。

几分钟后，这位女士走到这位男子身边说：

“对不起，我是心理医生，想了解一下男性在遭到意外攻击时的反应。”

男子高声喊道：

“什么，一宿要 100 美元。”

点析

这位女士用有辱他人的方式做实验，激怒了男子，这位男子借题发挥，以牙还牙地羞辱了她。

畜生为什么不下马

从前，有个县官带着随员骑着马到王庄去处理公务，走到一个岔道口，不知朝哪边走才对。正巧一个老农扛着锄头走来，县官在马上大声问老农："喂，老头，到王庄怎么走？"那老农夫也不回头，只顾赶路。

县官大声吼道："喂！"

老农停下来说："我没有时间回答你，我要去李庄看件稀奇事！"

"什么稀奇事？"

"李庄有匹马下了头牛。"老夫一字一板地说。

"真的？马怎么会下牛呢？"县官疑惑地问。

老农认真地回答道："世上的稀奇事多哩，我怎知道那畜生为什么不下马呢？"

点析 ★

老农对这位问路时不下马，还大声吆喝的县官，巧妙地运用一语双关的方法给予揭露和讽刺。

恶霸逼刘三姐成婚

刘三姐既勤劳勇敢，又聪明美丽。

有一天恶霸莫怀仁梦想逼刘三姐成婚。刘三姐提出按壮族的规矩对歌成亲，胜了成亲，败了莫再啰嗦。

莫怀仁只好答应了，并请了陶、李、罗三个秀才前来与她对歌。

双方对了许多歌，三个秀才都败下阵来。莫怀仁贼心不死，想用最后一首歌难倒刘三姐。他唱道：

"姑忍受你且莫逞能，三百条狗四下分，一少三多要单数，分不清就是莫家人！"

刘三姐微笑着唱道：

"九十九条打猎去，九十九条看羊来，九十九条守门口，还剩三条狗奴才。"

点析

刘三姐很聪明地把狗分开了，同时又把他们痛骂了一顿，真是一箭双雕呀！

代 替

美国第28届总统威尔逊任新泽西州的州长时，接到来自华盛顿的电话，说新泽西州的一位参议员，即他的一位好朋友刚刚离开了人间。

威尔逊深为震惊和悲痛，立即取消了当天的一切约会。几分钟之后，他接到本州一位政治家打来的电话：

"州长先生"，那人结结巴巴地说："我，我希望能代替那位参议员的位置。"

"好吧。"威尔逊对那人迫不及待的态度感到恶心，慢吞吞地回答说："如果殡仪馆同意的话，我本人是完全同意的。"

点析

威尔逊利用对话中"参议员的位置"一词的歧义性，有意曲解对方的意思，把"在参议院里的位置"巧换成"在殡仪馆里的位置。"既使自己摆脱对方令人厌恶的要求，又揭露了那个人急不可待的权力欲。

有些议员不是狗婊子养的

美国著名作家马克·吐温在一次答记者问时说漏了嘴："美国国会有些议员是狗婊子养的！"第二天，此话被刊登在一家报纸上，引来了华盛顿众议员纷纷谴责，勒令马克·吐温立即登报道歉，否则，将要受到法律的追究。

几天后，马克·吐温的歉文赫然醒目地被登在了《纽约时报》上：

"日前，鄙人在酒席上发言，说国会中有些议员是狗婊子养的。事后有人向我兴师问罪，我考虑再三，觉得此话不妥当，而且也不符合事实，故特此登报声明，把我的原话修改一下：美国国会中有些议员不是狗婊子养的。"

华盛顿议员们读罢此文，个个气得七窍生烟，恨不得一口吃掉他，但却苦于无从找茬。

点析

马克·吐温用巧变个别文字的手法校正自己的"失误"，不但为自己找到解脱的办法，而且进一步的讽刺了对方。真是一举两得，惟妙惟肖。

智讽蹩脚诗人

一位诗人作诗作得十分蹩脚，但自我感觉却十分良好。

一次，他满怀信心地去询问一位读者对他诗的看法："您是否认为，

我应该在我的诗中投入更多激情的火焰？”

读者说：“不，我认为您应当把您更多的诗，投入到熊熊的烈火之中。”

点析

读者把诗人“在诗中投入烈火”的句子颠倒为“把诗投入烈火中”，它隐含了读者对诗人的蹩脚诗的强烈不满，具有极强的讽刺意味。

顾客驳斥诡辩

餐馆里一位顾客叫住了老板：“老板，这盘牛肉简直没法吃！”

老板：“这关我什么事，你应该到公牛那里去抱怨。”

顾客：“是呀，所以我才叫住了你问话呀！”

点析

顾客的正当要求被老板无理拒绝，而且老板还提出了一番荒谬逻辑，顾客没有直接反驳，而是顺着老板的逻辑，将了老板一军，让老板再无计可施。

伍廷芳智答调侃

中国近代史上一位著名的外交家伍廷芳有一次在出使美国时，曾在一次集会上作了一篇幽默风趣的演讲，受到与会人士的一致好评。

但有个美国贵妇却萌发了调侃他的念头：“我十分佩服你的演讲，我决定把我的爱犬改名为‘伍廷芳’以志纪念。”

伍廷芳："很好，很好。这样你以后就可以天天抱着他亲吻了。"

点析 ★

伍廷芳在面对这样一个令他难堪的场面时依然处变不惊，将贵妇的调侃进行引申，直接与那位贵妇人联系起来，巧换概念，反过来嘲弄了美国贵妇。

福　气

一个地主买了一块猪肉，让长工拿着。长工不小心，猪肉被几条野狗叼跑了。

地主让长工把肉追回来，长工说：

"东家，我们长工一年到头吃不上一回肉，你就一次不吃有什么要紧呢？"

地主蛮横地说：

"你们吃不着肉，是因为你们没有这份福气。"

长工听了笑着说：

"这么说，刚才那几条野狗同你一样有福气啦？"

点析 ★

长工从地主的话中得出：能吃肉就有福气，由此推出地主与那几条野狗都有福气，有力地讽刺了蛮横的地主。

傻　瓜

有个乡下人进城，他一身土里土气的打扮引起众人注目。

有几个年轻人围着他，一边瞧，一边咯咯直笑。

其中一个问乡下人：

“请问，乡下是不是有很多傻瓜？”

乡下人回答：

“嗯，走不远就能碰上一个，但乡下傻瓜不像此地傻瓜这样成群结队，到处瞎逛荡。”

点析

乡下人首先承认乡下有傻瓜，但同时说出不像城里的傻瓜成群结队，暗指这几个年轻人是傻瓜。

偷　诗

古代有个叫魏周辅的人，送诗给陈亚看，其中抄袭了古人两句诗，陈亚对他很不客气。魏周辅又送上一首绝句说：

“无所用心叫‘饱食’，怎胜窗下作新词？文章大都相抄袭，我被人说是偷诗。”

陈亚回了一首诗说：

“以加贤人该加罪，不敢说你爱偷诗。可恨古人太狡猾，预先偷了你的诗。”

点析

陈亚按魏周辅的诗的韵和了一首诗，尤其是“可恨古人太狡猾，预先偷了你的诗”。这一句既幽默，又深刻地讽刺了魏周辅偷诗的行为。

小鸟与乌鸦

音乐家西贝柳斯与一位非常有名，但有些刻薄的批评家在公园里散步。这时，几只小鸟正在枝头上歌唱，两人都情不自禁地止步倾听了一下。忽然批评家指着小鸟说：“它们才是这世上最有才能的音乐家。”说完，望着西贝流斯讪笑了一下。刚好，一只乌鸦叫着飞了过来。西贝流斯指着乌鸦对批评家说：“它才是最优秀的批评家哩！”

批评家听了，只好干笑两声来掩饰一下自己。

点析

批评家是借“小鸟”来讽刺音乐家西贝流斯，西贝流斯却把批评家反讽为“乌鸦”。“小鸟”再怎么不好，也比“乌鸦”好点，从而有力地回击了批评家。

劝谏妙答

惠施说服魏王

有人到魏王面前谗言：“惠施说话爱用喻证，假使不让他用，他就什么事情都说不清楚了。”第二天，魏王看见惠施说：“请你以后说话直截了当，不要用什么喻证。”

惠施：“现在有人不知道什么是‘弹’，如果他问‘弹’是什么样的？就告诉他说‘弹就是弹’，能明白吗？”

魏王：“不能明白。”

惠施：“如果告诉他：‘弹的形状像弓，它的弦是用竹子做成的’。他可以明白不？”

魏王：“可以明白。”

惠施：“比喻就是以其所知喻其所不知之。你叫我不用比喻，那怎么行呢？”

“你说得很对。”魏王说。

点析

魏王的原意是要惠施直言而无“譬”，但惠施却用“譬”的方法使魏王信服了“譬”的重要性。

公子锄巧谏晋文公

晋文公率兵出国，会合诸侯，准备攻打卫国。他儿子公子锄在一旁仰天大笑。

晋文公觉得奇怪，便问公子锄：“你为什么大笑不止？”

公子锄答道：“我笑我的邻居。一天他陪送妻子回娘家，半路上看见一个采桑的妇人，不觉产生好感，便嬉皮笑脸地与她搭讪，可是回头一望自己的妻子，也正有人来搭讪招引她。我为这件事而感到好笑。”

点析

公子锄以笑为引子，旁敲侧击，提醒其父不要一心只想征服他国，要谨防后院着火。晋文公触类旁通，领悟了他话中的含义，即刻放弃攻打卫国的计划，果然避免了一场灾难。

孟子劝谏齐宣王

战国期间，孟子曾一度作为齐宣王的客卿。有一次，一心想称霸天下的齐王问孟子：“孟卿，朕能统一天下否？”孟子深知齐王爱听恭维话，答道：“大王，依臣所见，大王完全能统一天下。”这话犹如一阵春风，吹开了齐王的笑脸。接着孟子又乘兴说：“臣听说，有一次准备杀牛祭祀新钟铸成，大王见好好一头牛无辜被杀，于心不忍，便下令不杀那头牛。果真有此事么？”齐王听到此话有颂扬之意，连连点头。孟子又说：“大

王，这事说明大王有恻隐之心，就凭这点，就可施行仁政而统一天下。”如此一来，齐王有些飘飘然，急不可待地催孟子说下去。

此时，孟子见条件趋向成熟，便想创造一个机会再批评和劝谏齐王。他说：“大王，民间流传着这样的俗语：能力举千斤，却举不起一根羽毛；能明察秋毫，却看不见满车木柴。大王相信吗？”齐王不假思索地说：“朕当然不信。”孟子抓住这契机，说道：“那好。大王既然能同情牛，又为什么不能以这种同情心去为老百姓着想呢？这岂不是如同不能举一根羽毛和看不见满车木柴么？臣之所以说大王如能施行仁政，便能统一天下，就是说问题不在于大王能否统一天下，而在于大王肯不肯实施仁政。而今战乱纷纷，百姓不得安宁，大王对此却不闻不问，又怎么能统一天下呢？”这时，齐宣王虽然感到有些突然，但由于有前面“衬托”之言所创造的喜悦心境，并且道理又类同，不由得很快就弄懂了孟子的话，明白了统一天下的“关键”所在。

点析

孟子抓住了齐宣王爱听恭维话的性格，先颂扬齐王一番，然后再抓住时机批评、劝谏齐王，最终让齐王明白“施仁政才能统一天下”的道理。

陪　葬

秦宣太后在宫中守寡，十分宠爱大臣魏丑夫。两人不避耳目，明来暗往，打得火热。可惜好景不长，后来太后患了重病，卧床不起。临死前，她总是惦念着魏丑夫，于是就下命令说，如果将来死了，要魏丑夫殉葬。魏丑夫吓得面如土色，但又不能违抗太后的命令，只得求庸芮说情。庸芮见到太后便说：“人死以后还有知觉吗？”

太后回答说："当然没有知觉。"

"既然如此，为什么还要把生前所喜爱的人，活活埋到坟墓里和死人葬在一起呢？更何况，要是死人还有知觉的话，先王的积怒也一定是很久了。太后到阴间请罪都来不及，还有什么空闲和魏丑夫相好呢！"

太后听得无言以对，呆了半天，才从牙缝里挤出几个字："那就算了吧。"

点析

庸芮说得头头是道，合情合理，最后的结论是，无论人死后有知觉还是无知觉都不应该要魏丑夫殉葬，他最终说服了太后。

你朝什么方向

小卢在某电器厂打工，却遇到两个顶头上司不和，常常各自向他发号施令，弄得他无所适从，不知该执行哪方的命令。这天，小卢又得到两上司的不同指令而没有完成任务。恰好这天老总下来视察，见状，老总将小卢训斥了一顿："你是怎么做事的！这点任务都完成不好。"

小卢平静地对老总说："我有个问题，你们'三驾马车'是不是奔同一个方向呢？"

"那还用说"。老总回答。

"那么，万一你遇到的手下是'两驾马车'各跑各的，你该朝什么方向奔呢？"小卢说。

老板一下子明白了小卢的问题。

点析

小卢借助"两驾马车各跑各的"比喻来说明自己的处境，生动形象，自然收到了不错的效果。

丈夫巧劝妻子

有一位妻子对音乐入了迷，一心想当歌星，丈夫一再指出她的天赋条件不足，不可能成为歌星。经过几番争论，丈夫为了息事宁人，表示不再泼冷水，而答应以后支持她成才的态度。但自那之后，只要妻子一唱歌，丈夫就跑出去站在门口，妻子十分不解，便问丈夫："你不是说要支持我的吗？但是为什么我每次唱歌时，你总要跑出去站在门口呢？"丈夫回答："没有什么，亲爱的。我这样做是为了让邻居知道，我没有打你。"

点析 ★

丈夫的话巧妙地暗示了妻子唱歌的难听，既幽默，又有效地劝阻了妻子。

三个月与几百年

在上文学课的时候，一位年轻的女学生问教授是否看过一本当时非常流行的畅销书，教授坦率地承认没有看过。女学生显得十分惊讶，她对教授说："哟，这本书都发行三个月了，您怎么还没有看过？"

教授便问这位女学生："这位同学，你读过但丁的《神曲》吗？"

女学生回答："没有，没读过。"

教授则说："那你可要抓紧啊，它都问世几百年了！"

点析

教授因为没有读过那本畅销书而受到学生的责难，学生更是以“发行三个月”为根据想证明教授信息不灵，脱离时代。教授面对责难并未辩解自己为什么没读，而是按女学生的逻辑，劝其加紧读《神曲》这类文学名著，因为比起那些畅销书来，《神曲》更值得一读。

苏世长劝谏唐高祖

唐高祖武德四年，国家还未统一，李世民带领将士正在前方浴血奋战，而唐高祖李渊却盖起了极为豪华的披香殿。

唐谏议大夫苏世长在庆善宫披香殿陪唐高祖进餐，喝得正酣畅，却突然问唐高祖：

“这座披香殿是隋炀帝修建的吗？”

唐高祖说：“你的劝谏好像很直率，但实际上很狡诈，你难道不知道这座殿是我修的，却故意说是隋炀帝修的？”

苏世长回答说：

“我实在不知道是陛下修的，我只看见披香殿奢侈得像殷纣王的倾宫和鹿台一样，就断定不是兴天下的君王所修的，所以误认为是隋炀帝干的。假若真是陛下修的，那实在是不妥了。我以前在武功旧宅侍奉陛下那会儿，看见的住宅仅能遮风挡雨，那时陛下已经很满足了。如今续用隋宫留下的宫宝，已经够奢侈了，可又建披香殿，陛下怎么能避免重犯隋炀帝的过失呢？”唐高祖李渊听后，面露愧色，连连称赞苏世长说得对。

点析

苏世长当然知道唐高祖修披香殿，但他明知故问，劝谏得恰到好处。

仁　君

战国时魏国吞并了中山国，魏王把占领的土地分封给自己的儿子。

有一天，他问手下大臣：

“我是个怎样的君主？”

大家忙回答：

“是位仁君。”

惟有大臣任座提出不同的看法：

“分封土地给儿子而不给兄弟，算什么仁君！”

魏文侯听了，很不满，任座却拂袖而去。

魏文侯又问翟璜。

翟璜委婉地说：

“我听人们常说，‘君王仁义，下臣耿直’，刚才任座说话那么直率就足以说明您是一位仁君。”魏文侯听了，羞喜交加，连忙让人把任座请了回来。

点析 ★

翟璜的话，既给魏文侯极大的面子，又委婉地替任座说情，且通过对魏文侯的奉承让他不得不宽恕任座。

皇帝命纪晓岚去死

一次，皇帝与机智善辩的纪晓岚对弈。皇帝想考考他，说：“朕现在命令你去死。”

纪晓岚一声遵旨，掉头去了。过了一会儿，他又回来了。皇帝问：“为何抗旨不遵？”

纪晓岚说：“我刚到河边要投河自杀，碰到屈原，他说：‘当年我屈死汨罗江，是因为楚怀王昏庸，如今皇上圣明，你何必自杀呢？’于是我就回来了。”

君臣相视而笑，留下一段佳话。

点析 ★

如果纪晓岚直接拒绝皇上的玩笑，自然留下抗旨不遵的罪名。他采取了从侧面赞扬皇帝圣明，不仅保全了性命，还讽喻皇帝草菅人命并不圣明。

葬　马

楚庄王有一匹心爱的马死了，他非常心疼，要群臣为死马大办丧事，用大夫的规格礼葬。臣子们都觉得荒唐，纷纷劝他不要这么做。

楚庄王不仅不听，反而下令说：

“凡敢再来为葬马的事进谏劝阻的，一律处死。”

众大臣都惊惧得不敢说话。

优孟听说后，号啕大哭着进了王宫。

楚王很奇怪，问他为什么哭。优孟说：

“那死去的马，是我王最心爱的，像楚国这样一个堂堂大国，对这匹马只以大夫之礼埋葬，未免太寒酸了，请按照君王之礼埋葬它吧。”

楚王问：“照你看，此事应该怎么办才好？”

优孟慢悠悠地说道：

“拿白玉做棺，调集大批士兵挖坟，发动全城男女挑土。出丧时，要齐、赵两国之使前面陪送，让韩、魏使节在后护卫，还要建一祠庙，放上碑位，追封它为万户侯，这样，就能让天下人知道，大王您是重马轻人的君王啊！”

楚王听后，幡然悔悟，听从了优孟处理马的建议：把马煮了，让人们饱食一顿。

点析

优孟为了避免杀头之罪，没有从正面反驳楚王，而是先肯定楚王葬马之事是对的，由此引申开来，推出一系列的荒谬结论，最终说服了楚王。

心不在马

赵襄子向王子期学驾车，没多久就和王子期竞赛起来。赵襄子换了三次马，但三次都输了。于是他便对王子期说：“你教我驾车，没有把真本领全传给我。”

王子期回答道：“本事都教给您了，但您用得不对头啊！大凡驾车最重要的是使马的身体安于拉车，而驾车人的精神则集中于马，这样才可以加快速度，达到目的。今天国君在落后时就一心想追上我，跑在前面时又生怕我赶上了您，然而驾车赛跑这等事，不是跑在前面就是跑在后面。而您不管是跑在前面，还是掉在后面，都把心事用在我的身上，哪有心思去调马呢？这就是您为什么落后于我的原因所在。”

点析

任何事情，如果不专心致志去做，而只考虑个人利害得失，就会事与愿违。所以，做事要摒弃杂念，排除外来因素的干扰，集中精力，才能让自己的才能发挥得淋漓尽致。

莫三而迷

春秋时期，齐国的晏子出访鲁国。鲁国国君鲁哀公问他：“俗话说‘莫三而迷’，凡事不和三个人商量就要迷惑。如今，我凡事都和全国人谋虑，可鲁国的事仍然办不好，这是什么原因？”晏子沉思片刻，回答说：“古人所说的‘莫三而迷’，是第一个人否定的，第二个人肯定的，再有第三个人去共同谋虑就够了。当然凡事要和众人商议，否则就会迷惑和出差错。但是这三个是代表了不同意见的人。”晏子略为停顿，看了看鲁哀公，接着说：“可是现在鲁国的群臣，人数上百上千，他们都异口同声地说有利于李氏（鲁国执掌实权的大臣）一派的话，所以人数并非不多，但说话的只等于一个人，怎么是‘三’呢？”

点析

晏子所言切中鲁国弊端，使鲁哀公警觉到自己的失策。在今天，无论是民主建设，还是领导方法的改进，晏子关于“莫三而迷”的辩证说法，都是很有启发意义的。

佛祖也会发怒

瞿永令的母亲信奉佛教，整天“南无阿弥陀佛”念个不停。瞿永令听得厌烦了，就想了个巧妙而又简单的办法来劝阻他的母亲。于是他连续几次地喊他母亲，他母亲听得不耐烦了，带怒气地说：“没有什么事为什么总是叫我？！”

瞿永令说：“才喊您三四次，您便不高兴了，要是佛的话，天天被您这样呼喊千万声，岂不是要大发雷霆了？”

点析

瞿永令运用的是类比证明法，由于这个比方打得好，他母亲就可以亲身感受到，所以很有启发性，比任何劝言都管用。

才女卓文君责负心郎

西汉时期蜀中才子司马相如赴长安科举，被选为中郎将。他迷恋长安的灯红酒绿、繁华生活，忘记了离家时对妻子卓文君的海誓山盟，直到第五年才回一封家信。

卓文君拆信一看，纸上寥寥写着“一二三四五六七八九十百千万”十三个数字。

卓文君揣度丈夫有嫌弃之念，便巧将这十三字连缀成诗文，曰：“一别之后，二地相悬，只说三四月，谁知五六年，七弦琴无心弹，八行字无可传，九连环从中折断，十里长亭望眼欲穿，百思念，千系念，万般无奈把郎怨。万言千语说不完，百无聊赖十依栏，重九登看孤雁，八月中秋月圆人不圆，七月半烧香秉烛问苍天，六月伏天人人摇扇我心寒，五月石榴似火偏遇冷雨阵阵浇花瓣，四月枇杷未黄，我欲对镜心意乱，急匆匆，三月桃花随水转，飘零零，二月风筝线儿断。噫！郎呀郎，巴不得，下一世你为女来我为男。”

司马相如拆信细读，心潮起伏，卓文君的文采打动了他的心弦，回首往事，惭愧不已，终于回心转意，高车驷马返家乡，接得宝眷回长安。

点析

卓文君将丈夫司马相如信中的“一二三四五六七八九十百千万”十三个数字，巧妙地扩展为一首富含深情的诗文，以不凡的文采和深情打动了负心郎的心，终于使司马相如回心转意。

假山与血山

宋赵益王赵元杰在王府中造假山，花费银子几百万两，造成之后，便邀集宾客同僚尽兴饮酒，一起观赏假山。

大家都酒酣耳热，兴致勃勃，惟独姚坦低头沉思，他对假山连看都不看。

这引起了益王的注意，益王强迫他看。

姚坦抬起头说：“我只看见血山，哪来的假山！”

益王大吃一惊，连忙问其原因。姚坦说：“我在乡村时，亲见州县衙门催逼赋税，抓捕人家父子兄弟，送到县里鞭打。此假山皆是用民众的赋税造起来的，不是血山又是什么？”

这时宋太宗也在兴造假山，听了姚坦的话，便把假山拆掉了。

点析 ★

姚坦把假山说成“血山”，同时又以耳闻目见的事实为依据，说服了帝王不再建假山。

晏子的美言

齐景公生性好玩，常常爬到树上捉鸟。晏子想批评齐王使他改掉这个恶习。

一天，齐景公掏了鸟，一看是小鸟，于是又放回鸟巢里去了。

晏子问：“国君，您干什么累得满头大汗？”

景公说：“我在掏小鸟，可是掏到的这只太小、太弱，我又把它放回巢里去了。”

晏子称赞说：“了不起啊，您具有圣人的品质！”

景公问：“这怎么说明我具有圣人的品质呢？”

晏子说：“国君，您把小鸟放回巢里，表明你深知长幼的大道理，有可贵的同情心。您对禽兽都这样仁爱，何况对百姓呢？”

景公听了这些话十分高兴，以后再也不掏鸟玩了，而是更多地关心百姓生活的疾苦。

点析 ★

晏子对齐景公感兴趣的事进行赞美，让景公感到高兴，从而顺利达到预期的说服目的。

何乐而不为

古希腊雅典有一位青年，立志要成为一位能言善辩的演说家。一天，他的父亲忧心忡忡地对他说：“孩子，你可得当心！你那样热衷于演说，不会有好结果的。说真话，富人或显贵们会恨你；说假话吧，贫民们不会拥护你。可是既然要演说，你就得讲真话，或讲假话。因此，不是遭到富人、显贵憎恨，就是遭到贫民们的反对，总之是百弊而无一利啊！”

儿子听了，微笑了一下，然后对父亲说：“父亲，您老不用担心。如果我说真话，那么贫民们就会赞颂我；如果我说谎话，富人、显贵们就会赞颂我。因此，无论我是说真话还是说谎话，总有贫民或者是富豪、显贵们赞颂我，何乐而不为呢？”

点析

儿子抓住了父亲话中的“说真话富贵的人憎恨，而贫民赞颂；说假话贫民憎恨，而富人赞扬”这一漏洞，用另一方面的假言判断作为前提，很好地说服了父亲。

子元劝嫂嫂

从前，有个叫子车的人死了之后，其妻和管家商定，要用活人给他陪葬。

子车的弟弟子元得知此事，便规劝道：

"活人陪葬，不合礼仪，还是不这样吧！"

嫂子和家臣不同意，说："你哥死了，在阴间没有人服侍，所以才用活人陪葬。"

子元听了，便说："嫂子和管家考虑周到，用心良苦，既然要这样做，那也好！不过，与其让别人去陪哥哥，倒不如叫嫂嫂和管家作陪葬的好，因为你们服侍他总比别人更加尽心尽职！"嫂子和管家听了，无言以对，只好作罢。

点析

子元开始不能说服嫂子和管家，后来接着嫂嫂和管家的话，顺水推舟地说"与其让别人去陪哥哥，倒不如叫嫂嫂和管家作陪葬的好"，终于说服了无理的嫂子和管家。

老百姓发怒

秦国灭了韩魏以后，安陵君还有五十里领土。秦国为了施些小恩小惠好日后霸占，故意说用大十倍的土地去换五十里，遭到安陵君的拒绝。安陵君又怕秦王发怒来攻打他的领土，于是派唐雎到秦国，见了秦王，唐雎便向秦王解释。

唐雎说："我们的国君从他父王手里继承了这块土地，就该好好守着它，就是有人用一千里大的土地来交换，也不敢答应，不要说仅仅五百里了。"

秦王没有回答，而是问唐雎："先生听过天子发怒的事情吗？"

唐雎答："还没听过。"

秦王则说："天子一发怒，就叫成百上万的人送命，上千里的地方血流成河。”

唐雎听了，也问秦王：“大王可听过老百姓发怒的事？”

秦王回答：“老百姓发怒嘛，无非是拉下帽子，光着脚，把脑袋在地上乱撞乱碰罢了，还会有别的不成？”

唐雎于是说：“那是软骨头的发怒，可不是大丈夫的发怒啊！当年专诸刺王僚，扫帚星飞着冲向月亮；聂政行刺韩傀的时候，白虹一直穿透太阳；要离行刺庆忌的时候，雄鹰扑上殿堂。这三位都是老百姓中的大丈夫，他们的满腔怒火，还没有迸发，天上就降下了稀奇的征兆。现在连我唐雎在内就有四个人了。如果大丈夫当真发怒，眼看着就会有两个活人立刻当场送命，五步之内鲜血直流，满天下戴孝，今天就是这样！”

说罢，唐雎拔出长剑，站了起来。

秦王被唐雎这一吓，顿时威风扫地，在席座上跪起身。

秦王连忙对唐雎说：“先生请坐！先生何必这样！我现在懂得了，韩魏两国都被我们给灭掉，可是你们安陵只有五十里大小反而存在，就因为有先生你啊！”

点析 ★

唐雎不但有勇，而且有谋。他用对比的方法，揭示出“软骨头”与大丈夫两种“发怒”本质的不同，从而有力地阐明了自己决不妥协的正义立场。这一对比，使整个问题实质鲜明地摆在了秦王的面前，再加上唐雎视死如归的勇气，秦王不得不折服了，唐雎出色地完成了自己的使命。

解缙巧阻巡游

明朝永乐年间，皇帝想到江西吉安地区游玩，传圣旨让当地知府筑路

迎驾。

朝中大臣解缙心想，近年来，吉安地区天灾人祸，民不聊生，一定要设法劝谏皇上。于是连夜写了奏折，上朝面奏皇上。

皇上看后，勃然大怒，立即把解缙叫来，当面斥责道："天子出游，乃施恩泽于民间，解缙你为何阻拦！"

解缙不慌不忙地回答："主上有所不知，吉州自古有'吉水急水'之患，那里山高、水急，惟有峡江水路行舟，皇上您去，岂不惊到了圣驾！"

皇上立即反驳道："我已命吉州知府筑路修桥，打造巨船，难道还怕'急水'不成！"

解缙又说："当地有句俗话道：'峡江峡江，压断手掌'。那里水险礁多，莫说巨舟推行，就是鱼过也会被压成扁肚。"

说着，解缙招来一位下官，双手将一盘扁鱼呈上来。

解缙指着扁鱼说："实为圣驾着想，皇上请看此鱼。此鱼就产于峡江，那里江窄石巨，连鱼身也被压扁了，何况是人？"

皇上见了扁鱼，便打消了去吉安游玩的念头。

点析

解缙没有以"吉安近年天灾人祸、民不聊生"的理由来劝阻皇上，只说那里山高水急，怕惊扰了圣驾，并且拿出一种说是从吉安的险江中捞来的扁鱼作为实证，成功地阻止了皇帝巡游吉安的打算。

奇特的自传

有一次宴会上，美国著名的社会心理学家巴尔肯博士提议，每人使用

最简短的话写一篇自传，行文用句要短到甚至可以作为死后的墓志铭。博士的建议，大家一致赞成，于是人们凝神苦思一会，纷纷书写起来。

其中一个愁眉苦脸、神情沮丧的青年，交给巴尔肯一纸通篇只有三个标点符号的“自传”：一个破折号“——”，一个感叹号“！”和一个句号“。”。

巴尔肯问他这是什么意思，年轻人凄然作色道：“一阵子横冲直撞，落了个伤心自叹，到头来只好完蛋。”

巴尔肯一听，深有感触，他略一沉思，便提笔在这篇“自传”的下边有力地点了三个标点符号：一个顿号“、”，一个省略号“……”和一个大问号“？”。

接着，博士鼓励这位自暴自弃、对前途失去的信心的青年说：“青年时期是人生一小站，道路漫长、前途无量，岂不闻‘浪子回头金不换’？”

青年听后，频频点头称是。

点析

巴尔肯和那位神情沮丧的青年的交流是通过标点符号完成的，它很新颖又很含蓄地表达了两人的思想感情。

辩驳妙答

缺点给朋友讲

马雅可夫斯基在莫斯科综合技术博物馆大厅举行演讲会，演讲受到了绝大多数听众的热烈欢迎。但他大胆的论断，无情的讽刺，匕首般的短诗，猛烈的抨击，匡正时弊的例证，也刺痛了部分人，这些人发出了种种责难。

有一人问他："马雅可夫斯基，你为什么喜欢自夸？"

马雅可夫斯基说："我的一个同学经常劝我说：'你只要讲自己的优点，缺点留给你的朋友去讲'。"

点析

有人指责马雅可夫斯基喜欢自夸时，他用同学的话来作解释，有那么一种"偷梁换柱"的感觉，既躲避了别人话中的锋芒，又显示了诗人卓越的雄辩艺术才华。

柯南道尔的回信

《福尔摩斯探案集》的作者阿瑟·柯南道尔，曾当过杂志编辑，每天要处理大量退稿。

一天，他收到一封信，信上说："您退回我的小说，但我知道您并没有把它读完，因为我故意把几页稿纸粘在一起，您并没有把它们拆开，您这样做是很不好的。”

柯南道尔回信说：“如果您用早餐时盘子里放着一个鸡蛋，您为了证明这个鸡蛋变味了，大可不必把它吃完。”

点析 ★

柯南道尔没有直接从正面回答，而是举一个例子，用比喻的方法影射出写信者的小说不合格。

横走三步又何妨

据说清朝时，江南有一个聪明的小孩到北方去探亲。一天，他跟着大人到一所庙里去烧香，因他的装束与北方小孩有点不同，而且生有一副机灵模样，庙中的老和尚见了，就想逗逗他。老和尚问小孩：“你从哪里来？”

小孩说：“从江南来。”

老和尚：“江南草木耳！”

小孩说：“草木之中，惟吾独秀。”

老和尚：“择其秀者而伐之。”

小孩：“我为国家作栋梁。”

老和尚本想奚落小孩一顿，没想到被小孩弄得理屈词穷，就不讲理地用骂人的口气想置小孩于进退两难的境地。便大声说：“你进三步就会死，退三步就会亡。”

小孩却毫不在意地轻松答道：“我横走三步又何妨！”

点析 ★

面对老和尚的诘问，小孩次次都能以简短却又精彩的话语回答，足可

见小孩的聪慧。

加拿大牛的血统

曾任过外交官的加拿大人切斯特·朗宁竞选省议员时，才三十岁，风华正茂。反对派认为若让他当选会妨碍自己团体的利益，便四处打听切斯特·朗宁的一切历史，以便用来攻击朗宁。到正式竞选的那一天，反对派凭着探听到的消息向众多议员慷慨陈词："朗宁喝过中国人的乳汁，身上有中国血统。怎能让一个具有东亚病夫血统的人当选为加拿大的议员呢？"

全场哗然。

朗宁镇定地登上演讲台，目光炯炯地扫视一周，声音洪亮地说："照刚才几位先生高明的逻辑，喝什么奶就形成什么血统，那么刚才问话的几位先生一定喝过加拿大的牛奶吧，这是否意味着你们的身上有加拿大牛的血统呢？"台下掌声雷动。

点析 ★

朗宁的父母是到中国传教的美籍传教士，朗宁出生于中国，喝中国奶妈的奶水长大。反对派竟然以此为由，对朗宁进行强烈的攻击。朗宁抓住对方的荒谬推理，也推出了一个极其荒谬的结论，无情地嘲弄了那些反对派，也使对方的诋毁不攻自破。

不想把年龄问题作为争论点

在里根参加第二次总统竞选与竞争对手沃尔特·蒙代尔展开竞选辩论时，老记者亨利·特里惠特冒失地指责里根说："总统先生……您已经是历史上最年老的总统了，您的一些助手说，在最近几次与蒙代尔的交锋中，您感到力不从心了。我记得，肯尼迪总统在古巴导弹危机关头可以连续几天几夜不合眼，您难道没有怀疑自己的能力吗？"

里根幽默地笑道："我要让你知道，在这次竞选中，我不想把年龄问题作为争论点，我不打算为了政治目的而去揭露对手的年幼无知。"

点析 ★

针对别人对自己年迈的指责，里根用他的幽默十分得体地进行了反击，巧妙地指出了年轻有"年幼无知"的弱点，年老有经验丰富的优势，使对方无话可说。

英国女王也是女的

1960年5月，英国陆军元帅蒙哥马利访华，在一次偶然的机会里，他在古城洛阳观看了豫剧《穆桂英挂帅》，戏剧结束后向陪同人员熊向晖谈了他的观后感。

蒙哥马利说："这出戏不好，怎么让女人当元帅？"

熊向晖说："这是中国的民间传奇，群众很爱看。"

蒙哥马利接着说："爱看女人当元帅的男人不是真正的男人，爱看女人当元帅的女人也不是真正的女人。"

熊向晖答："中国红军就有女战士，现在解放军中就有女少将。"

蒙哥马利又说："我对红军，对解放军一向很敬佩，不知道还有女将，这有损解放军的声誉。"熊向晖严肃地说："英国女王也是女的。按照你们的体制，女王是英国国家元首和全国武装部队总司令。"

蒙哥马利被驳得无话可说，心中暗自佩服熊向晖的应变能力。

点析

熊向晖针对蒙哥马利元帅的错误观点，反驳并没有停留在就事论事之上，而是生发开去，说如果女将有损军队的声誉，那么英国武装部队的总司令是女的，岂不有损于英国国格。一席话，就将蒙哥马利驳得无话可说了。

新婚夫妇"斗嘴戏"

东汉时，汝南名士袁隗，娶扶风名士马融的女儿马伦为妻。马家世代富有，因此，马伦的陪嫁之物也极其丰盛。婚礼毕，袁隗在洞房笑着对盛装的新娘马伦开起玩笑来，不少好事者躲在门外偷听。

袁隗说："妻子嫁到夫家，只要穿粗布衣服料理日常家务就可以了，何必装饰得如此珍贵华丽呢？"

马伦："这是慈爱的双亲对我的关照，做儿女的不敢违背他们的意愿，如果贤夫您想学习名士鲍宣、梁鸿的高尚节操，我就跟着仿效少君、孟光的雅志。"

袁隗又说："弟弟比哥哥先娶妻成家，要受到世人的耻笑。如今，你姐姐还未出嫁，你就先出嫁了，这样做好吗？”

马伦说：“我姐姐德行高超，还没遇到优秀的君子，所以至今未嫁；不像我这样浅陋粗鄙，随随便便找了个人嫁了算了。”

袁隗又继续说：“你父亲南郡君（马融时任南郡太守）学问道德深厚，文章堪称一代宗主，可他在任职的地方却因家中广有钱财而使声誉受损，这是为什么呢？”

马伦回答：“像孔子这样的大贤人，还免不了武叔对他的毁谤，子路这样的大贤人，还招致伯寮对他的非议。家父声誉受损，这是理所当然的，不足为怪！”

袁隗再也无话可说，在新房外偷听的人都为袁隗感到羞愧。

点析 ★

这对新婚夫妇的“斗嘴戏”，实在精彩有趣。袁隗从马伦本人到其姐又到其父，一一问难，嘻爱之中带有揶揄，马伦针对丈夫的揶揄，兵来将挡，水来土掩，有理有节，以至于使袁隗再也无话可说。马伦不愧为名门之女。

小提琴不会喝茶

一位富有的贵妇人，邀请意大利著名的小提琴家帕格尼尼到她家喝茶。

帕格尼尼答应了。末了，贵妇人特意补充道：“亲爱的帕格尼尼，明天来的时候，千万不要忘记带上你的琴。”

“这是为什么呀？”帕格尼尼装作很惊讶的样子问贵妇人说：“太太，我的小提琴是不会喝茶的啊！”

点析

贵妇人提醒帕格尼尼不要忘记带琴的用意显然是想让帕格尼尼在作客时演奏，而作为被请的客人，帕格尼尼却不一定在这种场合演奏。他用了幽默的说法，适当地表达了不必带琴的意思，也包括了不演奏的想法，很得体。

吐　痰

某城汽车站候车室内，有个男青年把痰吐在洁白的墙壁上，车站管理员对他说：

“青年同志，‘不准随地吐痰’的标语你看到了吗？”

“看到了，我吐在墙上，不是吐在地上。”

“如果依你这种说法，那么我有痰就可以吐到你的衣服上，因为衣服上也不是地上。”男青年哑口无言。

点析

车站管理员以青年的话为前提，推出“有痰就可以吐到你衣服上”的结论，驳得对方无言以对。

从破洞里看到什么

俄国学者罗蒙诺索夫生活简朴，不大讲究穿着。有一次，有位衣冠楚楚但又不学无术的德国人，看到他衣袖肘部有一个破洞，便指着那里挖苦

他说："在这衣服的破洞里，我看到了你的博学。"

罗蒙诺索夫毫不客气地回敬："先生，从这里我却看到了另一个人的愚蠢。"

点析 ★

德国人借衣服的一个破洞小题大作，贬损别人，反映了他的无知和恶劣的品质。罗蒙诺索夫抓住这点，机敏地选择了与"博学"相对的词语"愚蠢"，准确地回了对方，使其自食其果。

只是摇自己的头

丘吉尔是一位杰出的演讲家，这是毋庸置疑的，但他却不是一位好的倾听者，每当别人发表与他不同意见时，他总是会摇头表示不同意。

有一次，保守党议员威廉·乔因森希克斯在议会上演说，看到了丘吉尔又在摇头表示不同意，便说："我想提请尊敬的议员注意，我只是在发表自己的意见。"

丘吉尔接道："我也想提请演讲者注意，我只是摇我自己的头。"

点析 ★

丘吉尔虽然不是一位良好的倾听者，但是在这里的回答确实显得很机智，他针对威廉把演讲限定"我个人的"，也把摇头不同意加了一个"我自己的"限定语，以牙还牙，虽只此一语，却让对方无话可说。

艾子巧驳门生

艾子喜欢饮酒，常常喝得酩酊大醉。

他的门生在一起商量道："我们直言向他劝说没有效果，只能用凶险的事实来吓倒他，让他不敢喝酒。"

一天，艾子大饮后又醉倒了，吐了一地。门生们暗地里拿了猪的肚肠放到呕吐物里，让艾子来看，并以严重的语气告诫他："每个人都要有五脏六腑才能活下去，现在您因为饮酒过多，已呕出一脏，只剩下四脏了，还怎么活下去呀？"

艾子看了呕吐物，笑道："唐三藏（谐音"脏"，唐三藏指唐代和尚玄奘）尚能活下去，我还多他一脏，岂有不能活之理？"

点析

门生们担心老师的身体，想出了"绝法"来吓他。谁知艾子醉酒后，头脑仍然相当清醒，他观察了一下呕吐物，完全明白了他徒弟的"鬼把戏"，但他也不揭穿，只是运用谐音法，诙谐风趣地反驳徒弟，轻易地取得了胜利。

政府与政权

1936年11月，国民党反动派迫害爱国人士，制造了"七君子"事件。在审判"七君子"时，有这样一段论辩说理。

伪法官问七君子："你们的宣言有句话'各党派代表进行谈判，建立一个统一的抗日政权'，这难道不是不要政府吗？"

"七君子"之一的王造时回答说："你们把政权政府混为一谈，真不知政权为何物！被告是研究政治的，据我所知，政府是一个国家机构，政权为政府行使它的职能力量，政府是具体的，政权是抽象的，政府目前最迫切、最重要、最神圣的任务是抗日，我们要抗日，就不能不使这个作为国家机构的政府有极强大的力量，这极强大的力量，必须全国统一才能发生，我们所谈的统一抗日政权的意义便是如此。"

点析 ★

王造时先生在反驳中先指出他们不懂政治，灭其气焰，然后简单明了地辨析"政府"与'政权"两个概念的意义，指出区别，有力地揭露了反动法官强加罪名的卑劣行径。

杜罗夫反辱傲慢的观众

有一次，俄罗斯著名马戏丑角演员杜罗夫举行观摩演出，幕间休息时，一个傲慢的观众走到他面前，讥讽地问道：

"丑角先生，观众对你非常欢迎吧？"

"还好。"

"作为马戏班中的丑角，是不是只要有一张愚蠢而又丑怪的脸蛋，就会受到观众的欢迎呢？""确实如此。"杜罗夫悠闲地回答，"如果我能生一张像先生您那样的脸蛋儿，我准能拿到双薪！"

点析 ★

傲慢的观众本意想污辱一番杜罗夫，没想到却被杜罗夫轻易地接过话

题，乘机发挥一番，结果反落个咎由自取。

比比谁脸皮厚

一个小姐贬损一位先生说："你的胡子一定是世界上最锋利的，它居然能在你的脸皮上破皮而出。"

先生回答说："小姐，恐怕我难以跟你相比，就连最尖锐、锋利的胡子也无法钻破你的脸皮。"

点析 ★

这位先生反击的方法是利用了小姐的逻辑思路进行"以毒攻毒"：既然我有胡子是因为胡子尖利钻透了皮肤，而你没有胡子则是因为皮肤更厚，就算尖利的胡子也无法钻透。

张卓与僧人论辩

儒士张卓与僧人论辩：

僧人宣称："儒教虽正，却不如佛学玄妙，我们僧人能读儒教的书，你们却不能通晓佛家的经典。"

张卓回答说："不对吧，比如饮食，人可以吃的狗也能吃，狗可以吃的人却不可以吃。"

点析 ★

张卓用人吃的东西与狗吃的东西进行类比，驳得僧人缄口无言。

左宗棠驳斥英国公使

清光绪元年，左宗棠受命督办新疆军务，率兵出关讨伐阿古柏，收复乌鲁木齐、和阗（今和田）等地。大军所到之处，入侵者望风而逃，眼看大英帝国扶植的阿古柏政权摇摇欲坠，面临覆灭危险。

英国公使威妥玛找到左宗棠，说道：

“中华地大物博，以仁义立国，为什么容不下小小的阿古柏，非要斩尽杀绝，未免太不人道了吧？”

左宗棠毫不示弱，反唇相讥道：

“贵国信奉天主，到处建教堂，讲人道，何不在英伦三岛划出块土地，叫阿古柏立国活命吒？”

威妥玛当即面红耳赤，灰溜溜地走了。

点析

左宗棠顺着英国公使“讲人道”的观点，驳斥对方只要求别人“讲人道”，而自己却不“讲人道”。寥寥数语，左宗棠便把对方的侵略本性揭露无疑。

下里巴人与阳春白雪

战国后期的文学家宋玉，在楚怀王和楚襄王时期，曾当过“文学侍从”一类的官职。他喜欢独处，有不少人对他不满。

一次，楚襄王对宋玉说：“听说不少人对你有意见，你是不是有什么品行不端之处呀？”

宋玉答道：“有个善唱的人，来到我国都城的中心广场演唱，最先唱的是《下里》和《巴人》，几千听众都跟着同声唱了起来；后来唱《阳阿》和《薤露》，能跟着唱的只有数百人；再后来唱《阳春》和《白雪》，能跟着唱的只剩下数十人；最后引唱更高级、复杂的歌曲，能跟着唱的不过数人而已。由此可见：其曲弥高，其和弥寡。”

点析 ★

宋玉的意思是：因为他品格高超，所以一般人不了解他，看不惯他，与他合不来。以例喻正，解答巧妙。

“我”与“我们”

俄国诗人马雅可夫斯基，经常到工人群众中去搜集素材，创作了大量抒发无产阶级之情，反映劳动者之爱的作品。

一天，他正给群众朗诵自己的诗作，一个克伦斯基政府的旧官员挤到前面，不怀好意地说：“你们布尔什维克不是最大公无私吗？怎么你的诗里老是听到我，我的？”

马雅可夫斯基回敬道：“你向姑娘求爱时，难道你会对她说‘我们爱你’吗？再说，沙皇尼古拉二世尽管天天在喊‘我们’，但他只代表自己！”

说完，工人们一阵大笑，轰走了那个克伦斯基分子。

点析 ★

那个克伦斯基分子实际上是想诬蔑布尔什维克是自私自利的政党，代表自己的利益，马雅可夫斯基巧妙地揭穿了他的话，并揭露了沙皇政府的丑恶面目。

天知地知你知我知

东汉时期的杨震，居官公正廉洁。他被派往东莱上任太宗时，路经昌邑，昌邑的县令王密于夜间携带黄金十锭赠送杨震，并对杨震说："天色已晚，不会有人知道的，你就放心地收吧！"

杨震正颜厉色驳道："你顶天而来，老天知道；你踏地而来，大地知晓；金赠于我，我也知道；你怀金而来，你更知道。既然天知、地知、你知、我知，有这么多人知道，怎能说没人知道呢？"

点析 ★

杨震反驳的虽然只是王密的自相矛盾，但从其坚决的态度和掷地有声的语调中，体现着一身正气，自然令贿赂者夹金退去。

两个都当了叛徒

前苏联首任外交部长莫洛托夫是一位贵族出身的外交家。

在一次联大会上，英国工党一位外交官向他发难说："你是贵族出身，我家祖辈是矿工，我们两个究竟谁能代表工人阶级呢？"

莫洛托夫面对挑衅，从容不迫地说："对的，不过，我们两个都当了叛徒。"

那位外交官被说得满脸通红。

点析

莫洛托夫答话里的高明之处在于他并不与对方在出身这一历史现象上做过多的纠缠，而是抓住实质问题，明确指出各自都背叛了原来的阶级这一要害，画龙点睛，一矢中的，使对方搬起石头砸了自己的脚。

为鸳鸯正名

有一对夫妻新婚才半年，男方便诉诸法院要求离婚。

女方不同意，其家人还从男方婚前写给女方的求爱信中抽出几封来指责男方说："你婚前山盟海誓，多次说：'只羡鸳鸯不羡仙'，现在怎能说离就离？"

男方说："我并不否认说过这句话，也自认没有说错。但是要知道，'鸳鸯'历来是比喻男女之间爱情的神圣与珍贵的。可是女方婚后仅仅三个月就在外面另有新欢，本身就玷污了被人们赞颂的鸳鸯形象，你们还有什么理由责备我不信守诺言？"

点析

男方的话指出鸳鸯是圣洁的爱情的象征，不是夫妻不离婚的理由。女方的诘难，被男方正名的方式加以利用，从而占了上风。

淳于髡一日荐七贤

战国时期的稷下学者淳于髡一天之内就向齐宣王推荐了七位贤士。

齐宣王对他说：“先生请过来，我听说，千里之内得一贤士，都已经是‘比肩而立’了；百世之内得一圣人，都称得上是‘接踵而至’了。而你一朝之内就推荐了七位贤士，那么贤士不就太平常了吗？”

淳于髡反驳道：“并非这样。有同样飞行能力的鸟是聚居在一起的，足力相同的兽类是一起行走的。要是在沼泽内寻求柴胡、桔梗这两种山长的草，那么永世也不会得到一棵。然而，若是到睾黍、梁文两山的北面去寻找，可以尽车力来运载！所以说事物各有分类，我淳于髡属于贤者之类。王要我寻求贤士，就好像从河中舀水，从燧石取火。以后我所引见的还远不止七位贤士呢！”

点析

淳于髡的话直截了当地驳斥了齐宣王对人才求全责备的观点，深刻地说明了齐宣王之所以像许多人那样觉得人才难得，只不过是因为寻找和培养人才的方法、途径不对头而已，如果态度端正、方法正确，人才一定会涌现而出。

有没有私心

从前有位司空叫第五伦，他刚直不阿，秉公执法，深得朝廷内外的敬重，但他招来一些人的不满和妒恨，他们总想找机会来损害他的声誉。

一次，有个居心不良的人以半开玩笑的方式问他：“人人均有私心，司空你呢？”

第五伦听出对方话中有话，于是答道：“有一个人曾送了我千里马一匹，我没有收。但我并没有忘记他，几次想举荐他，但最终没有举荐。我哥哥的儿子生了病，我一夜中去看望了十几次，回家躺下就睡着了。我的

儿子生病时，我虽未去看他，可一夜却没睡觉。你说，我怎么会没有私心呢？”

点析 ……………………………………………………★

第五伦的这一番话表明自己跟常人一样也是有私心的，但私心并没有妨碍他为公之心，两者相触，主次分明。提问者找不到任何把柄。

金火水土

杜澎与钟灵是中国当代文化界的名流。有一次他们到山东参加坐落在泉城的“李苦禅经念馆”庆典式。钟灵忽然对杜澎说：“我可是有金，金能克木。嘿嘿，我这姓氏比你沾光。”（金、木皆指两人姓氏的偏旁）

杜澎笑着答道：“那不见得，我这杜中还有土呢，土能吃金。”

钟灵不甘罢休：“我有火呀，山底下的火（指“灵”下之火）。火能熔土。”说完自得地笑了起来。

杜澎灵机一动，以狡黠的口吻说：“你又输了。别忘了，我还有水呢！水能灭火，而且这水好多，一来就是浩浩荡荡一大澎。”

点析 ……………………………………………………★

两位名人之间的调侃在我们读来颇具趣味性，在看到他们争吵的同时，我们也看到了浓厚的友情在他们中间扩散。

子不敬老娘

有个公子少爷外出游玩，见一年轻貌美的村妇在木桥旁边淘米，便心生邪念。于是凑到跟前，嬉皮笑脸地说：“有木便有桥，无木也念乔；去木添个女，添女便为娇；阿娇休避我，我最爱阿娇。”说罢，眼睛直勾勾地盯着村妇的胸前，淫荡地笑着。

村妇听了这些挑逗言词，非常生气，回敬道：“有米便为粮，无米也念良；去米添个女，添女便为娘；老娘虽有子，子不敬老娘。”

那位花花公子沾花不成反碰上了刺，灰溜溜地转身便走。

点析

面对纨绔子弟对自己的邪念与不敬的言语，这位村妇很巧妙地将其骂了一通，最后，反而是村妇占了花花公子的“便宜”，真是大快人心！

“相如”与“无忌”

明代文学家李梦阳在江西作提学副使时，发现有个读书人与他同名同姓，他心想，怎么有人与我同名呢？当即便想考考那人。于是在唱片名时，他随口对读书人说：“蔺相如司马相如名相如实不相如。”

那读书人听后思索片刻，答道：“魏无忌长孙无忌彼无忌此亦无忌。”

李梦阳听了觉得这位读书人才思敏捷，非常欢喜，遂举荐了他，予以重用。

点析

李梦阳是想试探读书人的历史知识和应变能力。蔺相如是战国时代赵国大夫，司马相如是汉代的文学家，“相如”二字又当“相同”来解。李梦阳的意思是：两个相如都不相如，你一个士子怎能和我同名同姓。读书人可谓对得天衣无缝。魏无忌是战国时魏国信陵君的公子，长孙无忌是唐朝的大臣。“无忌”二字就是“没有忌讳”。读书人的意思是：你那里既不忌讳，我这里也无须忌讳了。双方都是巧用历史故事，弦外有音，妙趣横生。

先生先死

享有“蜀中才子”之称的乾隆进士李调元，幼年时代就很聪明。

有一次，幼年的李调元生了一身疥疮，上课时不停地抓痒。先生看见了，觉得好笑，便想逗逗他，于是说道：“抓抓痒痒，痒痒抓抓，不抓不痒，不痒不抓，越抓越痒，越痒越抓。”

李调元当时感到很难为情，又感到很气愤，一时便忘了尊卑，接着先生的话随后答道：“生生死死，死死生生，有生有死，有死有生，先生先死，先死先生。”

弄得取笑他的先生哭笑不得。

点析

“先生”既可作名词也可看做动词，李调元利用这一点，巧妙地回敬了先生的取笑。

余光中的故意曲解

著名诗人余光中反应敏捷，才华出众。一次，他和散文家思果谈及一次临上机前，他们的另一位朋友高克毅行西礼向两女士虚拥亲颊。思想守旧的思果再三感叹：“怎么可以这样，当众拥吻人家的太太！”

余光中呵呵一笑，说道：“怎么样，当众不得，难道要私下做吗？”

点析 ★

在这篇对话中，思果的话强调的是“拥吻”二字，他看不惯这种“拥吻”的西礼，余光中肯定知道这一点，但是为了缓和、活跃气氛，不至于朋友之间因这事难堪，他故意对其进行曲解，将强调的重点移至“当众”二字，就有了后面难道要私下亲吻别人太太的话了。显得相当幽默，余光中的敏锐就可见一斑了。

苏格拉底巧解化尴尬

古希腊哲学家苏格拉底的妻子是一个著名的悍妇，动辄对丈夫大骂。

有一次，正当苏格拉底与友人兴致勃勃地高谈阔论时，他的妻子突然闯进来大吵大闹，并把一盆水泼在苏格拉底的头上，使哲学家像个落汤鸡似的。

朋友们看到这个场面，不禁惊呆了，以为将会发生一场恶斗。但是，

苏格拉底面临这种困窘处境时反而风趣地说：

“我早已料到，雷声过后必定是场倾盆大雨。”

朋友们听了，都哈哈大笑，使尴尬的场面顿时活跃起来，苏格拉底的妻子只好羞愧地离开了。

点析 ★

苏格拉底用幽默、风趣的话语为自己化解了困境，使尴尬的场面活跃起来。

试验费

一次，萧伯纳的脊椎骨出了毛病，需从脚上取出一块骨头来补脊椎的缺损。

手术做完以后，医生想多捞一点手术费，便说：

“萧伯纳先生，这是我从来没有做过的新手术啊！”

萧伯纳笑着说：

“这好极了，请问你打算给我多少试验费呢？”

点析 ★

由于从未做过的原因，医生希望多捞一笔，而萧伯纳则以自己的身体成了试验品，向对方索取试验费。萧伯纳提出的“试验费”有力地回击了贪婪的医生。

十八岁的两倍

一位女士去医院看病，医生要填写病历登记卡。医生便向这位女士询问一些有关她的情况。

医生首先问女士："太太，您多大年纪了？"

女士回答："哦，医生，我记不太清楚了。不过，您先让我想想……我想起来了。我结婚的时候，是十八岁，当时我丈夫是三十岁。现在他六十岁了，是当年的两倍。这样看来我也应该是十八岁的两倍，也就是三十六岁，您说对吗？"

点析 ★

女士们都希望自己年轻，这位女士的算法使她年轻了十二岁，真是划算。对年龄的困惑能这样幽默地处理，足见女士的乐观。

活到九十岁干什么

有一位叫杰克的病人去向医生进行咨询，他问医生："我能活到九十岁吗？"

医生检查了一下杰克的身体，然后问他："你今年多大啦？"

杰克说："四十岁。"

医生又问："你有什么嗜好？比如说，喜欢喝酒、吸烟、赌钱、女人，或者有其他的什么嗜好？"

杰克回答："我最恨吸烟、喝酒，更讨厌女人。"

医生惊呼："天啊，那你要活到九十岁干什么？"

点析 ………………………………………………………… ★

按照我们的思维定势，杰克没有什么不良嗜好，一定会得到医生肯定的评价，而事实恰好相反。人们期待的肯定陡然被医生所否定，幽默也就随之而生了。

外交官与女人的话

一次，德国政治家俾斯麦在圣彼得堡参加舞会时，他频频赞美身边的舞伴，说她美若天仙。舞伴却说："外交官的话从来不可信。"

俾斯麦感到奇怪："为什么？"

舞伴回答：很简单，当外交官说'是'的时候，意思是'可能'；说'可能'时，意思是'不行'；嘴上若真的说'不行'，那他就不是外交官了。

俾斯麦于是说："美人，你说得完全正确。这可能是我们职业上的特点，我们不能不这样做。但你们女人就正好相反了。

这回轮到舞伴惊讶了："为什么？"

俾斯麦回答："很简单。当女人说'不行'时，意思其实是'可能'；女人说'可能'时，意思是'是'；嘴上若真的说'是'，那她就不是女人了。"

点析 ………………………………………………………… ★

这位舞伴很聪明，她分析的外交官的用语很符合外交官职业的特点。而俾斯麦更是厉害，他仿照女士的说法，反用外交辞令来揭示女性表态的言语特征更是入木三分。

小巫和大巫

在访问台湾时，魏明伦特意参加了“李敖珍藏书画拍卖预展。”经音乐家许博允牵线，他结识了台湾狂人怪才李敖。

李敖和魏明伦一见面便随和地与他握手：“欢迎光临，我是李敖。”

许博允说：“你俩都是鬼才，今天在这里见面，真是鬼撞鬼了。”

魏明伦说：“不敢当。我是小巫，李敖先生是大巫，今天是小巫见大巫。”

李敖则说：“巫山在四川省，要说巫，还是四川的魏明伦大。”

点析

许博允打趣李敖和魏明伦，魏明伦紧扣此语，说是小巫见大巫，既表示了自谦，又显得幽默风趣。没想到李敖也来了一引申，说明魏明伦才是大巫，也是自谦之词，真是妙趣横生。

石头之争

某甲用两根竹竿分别插在两个木头碌碡中，拴上绳子晾晒衣服。由于湿衣重，风力大，木头碌碡连同晾晒的衣服一起被吹翻在地。

站在旁边的邻居看到这情景，说话了：“如果换上石头碌碡，风就吹不动了。”

某甲立即反驳道：“不对！谁说石头不会动，为什么染坊里的石头滚子从早动到晚呢？”

邻居回答：“这是两码事。染坊里的石头滚子，是因为有人用脚去踏。”

某甲则说：“城隍山，紫阳山全是石头，每天成千上万人去，这不是用脚踏吗？怎么不见它们动呢？”

邻居很无奈地说：“石山大而且实心，怎么会动呢？”

某甲又问道：“城河上的石桥都是小而空的，为什么天天用脚踏在上面却不见它动呢？”

邻居不愿再与他纠缠下去，走开了。

点析

很显然，邻居句句都是在理之言，某甲分明是在故意找茬，但因为某甲在这里运用的答辩技巧令邻居只能亦步亦趋，无法反驳，所以才占尽上风。由此，我们也可以看出口才的重要性。

不能把鼻子锯了去

1976年1月，美国前总统尼克松的女儿朱莉和女婿戴维受到毛泽东的接见。开始气氛沉闷，毛泽东见戴维凝视着他，就问：

“你在看什么？”

戴维说：“我在看您的脸。您的脸上半部很……很出色。”

毛泽东年事虽高，反应却特灵，他随即答道：

“我生着一副大中华面孔。”又说：“中国人的面孔，演戏最好，世界第一。中国人什么戏都演得。美国戏，苏联戏，法国戏。因为我们鼻子扁。外国人就不成了，他们演不了中国戏，他们的鼻子太高了，演中国戏又不能把鼻子锯了去！”

客人们被毛泽东的话逗乐了，气氛开始欢乐融洽起来。

点析

毛泽东虽然年事已高，却不失幽默，尤其一句“演中国戏又不能把鼻子锯了去”把大家都逗乐了，很好地融洽了气氛。

是茶还是咖啡

有一个人在一家英国饭馆里吃早餐，他拿起杯子，喝了一口，对侍者说：“侍者，这是茶还是咖啡？”

侍者回答说：“先生，你不能凭味道分出来吗？”

那人说：“不能。”

侍者说：“就是嘛，要是你分辨不出来，那么，它是茶还是咖啡又有什么关系？”

点析

那人本想诘难，却被侍者的一句反问弄得哑巴吃黄连，有苦说不出。

最辉煌的成就

在一次聚会中，有人问英国首相丘吉尔：“您一生最辉煌的成就是什么？”

丘吉尔淡淡一笑说：“我觉得自己一生中最为辉煌的成就，是我竟然说服我的妻子嫁给了我。”

点析

丘吉尔用这种调侃性的语言，委婉地搪塞了对问题的正面回答，避免了居功自恃之嫌，又增添了家庭生活的情趣和温暖。

等客人走后才打开

作家陆文夫所写的小说不乏幽默风趣。在现实生活中，陆文夫也是个诙谐风趣的人。

在纽约国际笔会第48届年会上，有位西方人在陆文夫发言时问道："陆先生，您对性文学怎么看？"

陆文夫清了清嗓子回答说："西方朋友接受一盒礼品时，往往当着别人的面就打开来看。而中国人恰恰相反，一般都要等客人离开以后才打开盒子。"

点析

陆文夫的言下之意是他不想在公开场合多谈这个问题，也不主张过分暴露的性文学，但他没有直说，而是通过充满睿智和幽默感的生动比喻来暗示，这就给人一种谐趣得体的韵味，同时又把敏感棘手的难题解答得既简练又圆满。

何叔衡答女青年

中国共产党的一大代表，党的创始人之一何叔衡，1920年秋天担任湖南通俗教育馆馆长。他的身边吸引了一大批青年。

有一次，几位女青年来馆向他求教，与他一道共同探讨社会发展、人生价值以及妇女翻身解放等问题。其中一位女青年问道：

“何馆长，你认为什么时候我们妇女才能得到自由呢？”

何叔衡没有直接回答，却反问道：“你们看小吴门外被牵去杀头的，有没有女的？”

女青年不解地答道：“没有，净是男的。”

“是啊，净是男的。”何叔衡感叹地说：“如果被牵去杀头的十人中有两三个女的，到那时候你们妇女获得自由的日子就快到了。”

点析 ★

女青年提出的问题不好回答，何叔衡避开从正面直接回答，而是巧妙地用反问方式来设问，然后用幽默风趣的话语回答了女青年。

冰心“坐以待币”

有一次，冰心在美国留学时的母校的几位美籍华人学者到北京来拜访她。

那几位客人热情地嘘寒问暖，问她最近在做些什么，在写什么大作。

冰心老人笑着风趣地说：

“写什么大作？我只是写些回忆性文章，或者有感而发的文章，主要是在家里，坐以待‘币’哟！”

客人们为之一愣，显然不解。她嘿嘿一笑，认真解释说：

“你们是不是听误会了？中国有句成语叫‘坐以待毙’，我说的是坐以待‘币’，人民币的币。我是说坐在家里写稿等待人家寄稿费，寄人民

币来呢！”

一时满堂哄笑。

点析

冰心年岁虽高，却不失幽默，故意利用“币”和“毙”同音，说在家写稿子是“坐以待币”，把来访者都逗笑了。

我也要压迫压迫它

有一次，郁达夫请一位在军界供职的朋友到饭馆吃饭，二人边吃边谈，显得情感融洽深厚。饭毕，饭馆侍者到他们饭桌边结账，只见郁达夫从鞋垫底下抽出几张钞票交给了侍者。他的朋友感到十分诧异，便问道：

“郁兄，你怎么把钱藏在鞋子里呢？”

郁达夫笑了笑，回答说：

“这东西过去一直压迫我，现在我也要压迫压迫它看。”

点析

郁达夫用一句“现在我也要压迫压迫它看”的幽默话语回答了朋友的疑惑，这样郁达夫很有效地为自己化解了尴尬，活跃了气氛。

小仲马摆脱纠缠

小仲马是一个极富幽默感的作家。

有一次，一个爱缠人的家伙想知道小仲马最近在做什么。

小仲马回答道：

“难道你没有看见？我在蓄络腮胡子！”

点析 ★

爱缠人的人显然是想打听小仲马最近忙些什么事情，而小仲马却巧转话题，一句变答“在蓄络腮胡子”，轻而易举地摆脱了对方的纠缠。

求　婚

萧伯纳成名后，一位著名的舞蹈家向他求婚说：

“如果你同我结婚，我们生下的孩子，将像你一样聪明，像我一样漂亮，那该是多么美好呀！”萧伯纳以他特有的风趣回绝道：

“如果你同我结婚，生下来的孩子长得像我一样难看，头脑像你一样愚蠢，那该多可怕呀！”

点析 ★

萧伯纳仿照舞蹈家的话语结构，意思方面却反其道而行之，很幽默地回绝了对方。

泡沫怎么塞进去的

张某到一个朋友家做客，朋友热情地用啤酒来招待他。

可是，当女主人打开瓶盖时，泡沫直冲到张某的西服上。主人十分抱歉，连忙手忙脚乱地帮他擦，并连声说着：“对不起，真的是很对不起。”

张某这时却没有作客套性的回答，而是怔怔地望着瓶子，吃惊地对主人说：“真奇怪，这些泡沫当初是怎么塞到瓶子里去的呀？”

大家一听，都忍不住笑了起来。

点析 ★

张某的做法其实是一种自我调侃式的幽默，他故作蠢言，拿自己来开玩笑，从而消除了主人的不安和自己的尴尬，增加了热烈、友好的气氛。

共同载入史册

世界著名导演希区柯克不但是一位“悬念大师”，而且还是个“幽默大师”。在他八十岁大寿那天，他前去参加好莱坞为他举办的祝寿酒会。途中，年迈体弱的希区柯克被一位驾驶小车的金发女郎撞倒在地。姑娘赶忙搀扶起希区柯克，连连道歉自责：“对不起，请原谅，我撞倒了您老人家，真是万分抱歉！”

看到姑娘那负疚的样子，希区柯克风趣而幽默地回答道：“不，小姐，你也并不幸运哟，如果你加把劲，把好莱坞影城制造悬念的魔术师撞死了，你的芳名就会与我的名字共同载入史册啦！”

点析 ★

希区柯克用自己的幽默消除了金发女郎做错事的不安，在感受希区柯克风趣的同时我们也看到了一位国际知名导演的大度。

医生的忠告

一位病人就肥胖问题去请教医生："大夫，请告诉我，做什么样的练习对减肥最有效？"

医生："转动头部，从左到右，然后从右到左。"

病人："什么时候做呢？"

医生："当别人款待你的时候。"

点析

医生的忠告很简单，只要注意节食就行。而医生整个话里都没有说到"节食"二字，只是刻意地描绘"节食"的情形，让人们在一笑之余，受到"节食"的启迪，为医生绝妙的口才折服。

女郎随车提供吗

一个人看中了广告中说的那种新颖美观的自行车。

他专门找到登广告的这家商店，但挑选时发现实际出售的自行车上没有灯，而广告中可是有的。

顾客指责店主骗人，而店主却平静地解释道：

"噢，先生，这灯是额外的东西，没有计入车子的售价。广告里还有骑在车上的女郎呢，难道我们也要随车提供一位吗？"

点析

店主把原本不是一类的东西放在一起进行类比，以女郎来类比车灯，引申出“车上的女郎呢，难道我们也要随车提供一位吗？”，一下子店主占住上风，顾客变得哑口无言。

搏斗的胜利者

一位顾客很不高兴地对饭店服务员说：

“你们的螃蟹怎么都没有爪子呀？”

服务员得意地说：

“这说明螃蟹是活的，这是刚才它在厨房搏斗的结果。”

顾客道：“那好吧，请你替我换一只刚才搏斗的胜利者来。”

点析

顾客知道没爪的螃蟹是不新鲜的，但他没立即点破，而是将错就错，假装认可服务员的说法，提出要一只“搏斗的胜利者”，即一只有爪的螃蟹。

数打瞌睡的人

一次，小仲马的一个朋友的剧本上演了，剧作者邀小仲马同去观看，小仲马坐在最前面，总是回头数：

“一个、两个、三个……”

"您在干什么？"朋友问。

"我在替您数打瞌睡的人。"

后来，小仲马的《茶花女》公演了，这次，那个朋友也回头来找打瞌睡的人，好不容易找到一个，便说：

"亲爱的小仲马，今晚也有人打瞌睡呀！"

小仲马说：

"您不认识这个人吗？他是上次看您的戏睡着的，至今还未醒呢？"

点析 ★

小仲马善于运用同中求异的方法，同样是有人在看戏时打瞌睡却另解为："上次看您的戏睡着的，至今还未醒呢？"把睡觉的人反弹给对方。

不敢娶你

清朝大臣李鸿章有位亲戚李某，胸无点墨而热衷于当官。

有一次他参加科举考试，打开试卷一看，竟有一多半不认识的字，不由得心急火燎，像热锅上的蚂蚁一般。

眼看交卷的时间就要到了，他灵机一动，提笔在试卷上写道：

"我乃李鸿章的亲妻。"（因"戚"字不会写，他只好以"妻"字来代替。）

主考官批阅这份考卷时读到这句话，不禁捻须微笑，在卷上批道：

"所以本官不敢娶（取）你。"

点析 ★

这位考官将错就错，批了一句："本官不敢娶（取）你"，既幽默地表明不能录用李某，又讽刺了李某不学无术。

你嫁我娶的原因

有一对夫妇重新装置房子，妻子精心设计，搬这又搬那，累得满头大汗，而丈夫却只干了几下就想草草了事。

妻子有些生气地对丈夫说："我是个追求尽善尽美的人，而你却是个马马虎虎的家伙！"

丈夫对妻子耸了耸肩膀，摊摊手说："这就是我娶你，你嫁我的原因。"

妻子一下子就被逗笑了。

点析

丈夫巧妙地从妻子的话中找到契机，把妻子注意的焦点从引起恼火的事情转移到似乎毫无关系的问题上来，从而引起心理和情绪的突然变化。一般说来，只要所转移到的问题不是双方极力争执过的问题，这种变化就会产生欢乐的气氛。

比我还多一次

车间主任拍着小李的肩膀说："你越来越不像话了，工作时间老是到吸烟室里吸烟，十次有九次我都能看到你。"

小李笑着回答说："是，主任。可是您比我还多一次呢！"

点析

从幽默的角度来看，小李的话是一种戏谑的幽默，这种幽默的特点是利用对方语言或行为上疏漏，见缝插针，取笑或讽刺对方，但双方必须是比较友善、亲切的，否则就往往变成相互的攻击或强词夺理的狡辩。在这里，小李抓住主任"十次有九次看见你"的话柄，反过来取笑主任抽烟比自己厉害，而这又是在比较友善的气氛中说出来的，所以有一种幽默的效果，从而消除了批评者与被批评者经常出现的对立和尴尬局面。

售票员智讽绅士

在英国的一个大型机场售票厅里，许多游客正排队购票。忽然，一位穿得笔挺的绅士粗暴地指责售票员工作效率太低，耽误了他宝贵的时间。

绅士威胁地对售票员说："你知道我是谁吗？"

售票员面对绅士威胁式的话语，没有和他争吵，而是对别的旅客说："你们有谁能帮这位先生回忆一下吗？他已经忘了自己是谁了！"

乘客们哄然大笑，绅士则羞得满脸通红。

点析

售票员心平气和地面对绅士的威胁，幽默地请其他乘客来共同品评，这样达到了打击绅士的目的。可见在即兴谈话中争取同盟是很重要的。

换表与换秘书

美国第一任总统乔治·华盛顿的一位年轻的女秘书上班来迟了，她看到华盛顿正在等自己，心里很不安，便编造了一个理由。

“对不起，总统阁下，我的表出了毛病。”

华盛顿：“小姐，恐怕你得换一只表了，否则我就要换一位秘书了。”

点析 ★

华盛顿是一位极守时的人，对秘书的迟到感到不可容忍，尽管是面对秘书推诿的谎言，他也没有当面揭穿，这样一来，既使人感到华盛顿有人情味，又让女秘书受到了教育。

首相回答难题

1980 年 5 月，日本首相太平正芳在纽约国际俱乐部演讲后，接受大家提问。突然有人提出了国际上十分敏感的捕鲸问题。

记者：“太平首相对日本的捕鲸问题是怎么考虑的？”

太平正芳：“鲸鱼那样的庞然大物，我是捕不住的。”

点析 ★

太平首相对这个问题采取的方式是答非所问，让人觉得太平首相幽默之余，又具有外交官的语言素质和心理素质。

吉利数字

小王开的出租车的牌照号：“16444”。

于是人们纷纷劝他说：

“你的车辆牌照号16444，听起来是‘一路死死死’，太不吉利，还是设法换个牌照吧。”

可是小王却自得其乐，反驳道：

“这个号码非常吉利，读起来是‘多拉发发发’，这不是很吉利吗？”

点析

人们从自然数的角度去看这个牌照号，它的谐音是“一路死死死”；而小王换个角度去看，从音乐简谱的角度，得出的结论却是“多拉发发发，成了一个很吉利的号码。”

吕蒙正拒礼

宋朝吕蒙正曾三次为相，有一次有一人送一古砚给他，并大谈古砚的妙处。

送礼者说：“这古砚不需加水，只要一呵气，就湿润得可以磨墨写字。”

吕蒙正听了，半开玩笑地说：“即使一天呵出十担水，也不过值十个钱罢了。”

点析

这方古砚一呵气就可以磨墨写字，果然是一宝物，吕蒙正不是不知道，可他却故意从送礼者所说的出水功能方面加以贬低，幽默而巧妙地拒收了这份大礼。

不能怪狗

一天丈夫外出时穿了件崭新的白外衣，没想到遇上倾盆大雨，把全身淋透，成了落汤鸡。还好路过朋友家时他借了件黑外衣穿回家。

到了家门口时，看门的狗狂吠不止，并要扑到他身上。丈夫很生气，正想拿木棒打时，妻子出来阻止了他："算了吧，别打它。"

丈夫气愤地说："这条狗连我都认不出来，真可恶！"

妻子笑着对丈夫说："亲爱的，你也设身处地为它想想，假如这条白狗跑出去变成了一条黑狗，你能认得出来吗？"

丈夫被妻子逗乐了。

点析

自家养的狗不认识主人，丈夫当然很生气，妻子却为狗开脱，一句玩笑的话，巧妙地将丈夫的遭遇和狗的变化联系在一起，不但没有被丈夫怪罪，还把丈夫逗笑了，心中的怒火也平息了。

海明威的回信

美国有家服装公司，为了招揽生意，一次给海明威送去一条领带，并附短信说：“奉上我公司出品的领带，并望寄回成本费两美元。”

过了几天，公司收到海明威的回信，外附小说一册。信里写道：

“我的小说深受读者欢迎，现附奉一册，请你们读一读，此书价值二美元八美分，也盼寄回倒欠我的八美分。”

点析

服装公司巧妙地推销自己的商品，海明威也仿造地推销自己的小说，还索要倒欠的八美分。真可谓魔高一尺，道高一丈！

女婿舌战丈人

有个人到丈人家住了很长时间还不想回家，丈人又不便当面赶他走。

有一天，丈人实在忍不住了，便跟他说起这事。

丈人说：“女婿啊，我家中的禽兽都已杀尽吃光了，没有什么好东西再款待你了，只请女婿你不要责怪啊。”

女婿对丈人说：“岳父大人您不必烦恼，我来时见到一群鹿在林外不远处那座山坡上徜徉，长得都很肥壮，只要把它们捉来，烤来吃也能吃很多天呢。”

丈人回答：“你来时鹿群在那里，可现在已经一个多月过去了，鹿肯定早就离开了。”

女婿立刻回答：“不会的，那地方有好吃的东西，它们还肯离开吗？”

点析 ★

丈人讲话很有水平，没有直言要女婿回家，只说禽兽已杀光吃尽，没有好东西款待他了，但是逐客之意已隐含于其中了。女婿的口才更是了得，不指斥丈人小气，却安慰他不要烦恼还有很多鹿在林外山坡下，到丈人说鹿已离开，女婿使用双关语说鹿是不会离开有好吃的东西的地方，表明了自己不会离开有好吃的东西的丈人家。这使丈人与他女婿之间的这番舌战着实有趣。

第三颗原子弹

一次，我国外交部长陈毅举行大型记者招待会，阐述我国的内外政策，并回答记者们的提问。有位记者问：“贵国已爆炸了两颗原子弹，请问第三颗原子弹何时爆炸？”

陈毅说：“我国已经爆炸了两颗原子弹，我知道，你也知道。第三颗原子弹可能也要爆炸，何时爆炸，你们等着看公报好了”。

记者席上传来一阵愉快的笑声。

点析 ★

陈毅似乎在回答记者的提问，实际上他是含糊其辞地说“等着看公报”，记者根本没有得到想要的答案。这充分显示了陈毅外交部长回答问题的机智严谨。

东坡评诗

一个籍籍无名的学者有一次来看苏东坡，带着一册诗，问东坡意见如何。这位学者读得抑扬顿挫，显得很得意，许久，终于读完了，便问苏东坡："大人觉得鄙作如何？"

苏东坡道："可得十分。诗有三分，吟有七分。"

点析

这位学者诗作得不好也罢，却毫无自知之明。苏东坡评价说："可得十分"，对方肯定面有喜色，不料苏东坡是欲抑先扬，说他的诗才三分，吟却有七分。真相大白之后，令人解颐。

太瞧不起人

在著名的赣州谈判期间，国共两党谈判共同抗日问题。当时是陈毅作为我党代表参加谈判。在国民党地方当局举行的一次宴会上，国民党代表想试探我方底细，便问陈毅："陈将军，可以谈谈你这次下山的感想吗？"

陈毅扫了国民党代表一眼，说："没有什么感想，只是有一点我很不满意。以前我在井冈山的时候，你们赏价两千元收买我的人头，我到中央革命根据地时，赏价涨到五万。红军长征以后，我退到油山打游击，你们的赏价从五万元跌至三万元，后来又跌到了两百元，你们出两百元就想买我的头，这不是太瞧不起人了吗？”

点析

陈毅借国民党代表要他谈感想之机，从自己赏价的变化揭露了国民党仍想消灭共产党的阴谋，无情地嘲讽了国民党卑劣的行径。

迷人的猴子变的

达尔文有一次应邀出席一场盛大的晚宴。在宴会上，一位年轻貌美的小姐正好坐在他的身边。“尊敬的达尔文先生”，年轻貌美的小姐带着戏谑的口吻向达尔文提问，“听说您断言，人类是由猴子变过来的，是吗？那么我也应该是属于您的论断之内的吗？”

“那是当然，”达尔文望了她一眼，彬彬有礼地回答，“我坚信自己的论断。不过，您不是由普通的猴子变来的，而是由长得非常迷人的猴子变来的。”

点析

美貌的小姐想戏谑一下达尔文，以自己的美貌为手段去怀疑达尔文的进化论，达尔文却借她的美貌为梯子，巧妙并且诙谐幽默地维护了自己的进化论。

如果有另外一张面孔

美国前总统林肯才华出众，可是他的相貌却不佳。他的竞选对手曾经以此攻击他说："你是一个'两面派'。"

林肯回敬说："如果我还有另外一张面孔，我会带着这副模样来见大家吗？"

林肯以一个自嘲式的幽默赢得了选民的信任和好感，取得了竞选的胜利。

点析 ★

林肯面对政治对手的攻击，不怒不恼，沉着应对，凭借他幽默的口才抵挡了对手的进攻，获得大选的最终胜利。

必须吃两条鲸鱼

马克·吐温成为著名作家之后，有不少文学爱好者写信向他求教成功的经验。一天，马克·吐温在街上走，碰到了一位文学青年向他讨教："听有关专家说，鱼骨含有大量磷质，而磷质是补大脑的。如果要成为一个作家，肯定要吃许多鱼。马克·吐温先生，您一定吃了不少鱼吧，是哪种鱼呢？"

马克·吐温回答："亲爱的青年朋友，照你的情况看来，你必须吃两条鲸鱼才行！"

点析 ★

面对文学青年试图通过捷径获得成功的不良现象，马克·吐温不动声色，巧妙而夸张地用"必须吃两条鲸鱼"批评了文学青年的不学无术，学识浅薄。马克·吐温的话真是叫人拍案叫绝，同时也让我们感到了幽默的另一种力量。

心留在祖国

歌唱家关牧村有一次到英国去演出，引起很大的轰动。在一次酒会上，主人首先讲话了："关牧村的歌喉太迷人了，我希望用我们的市长来交换她。"

关牧村听了，向主人报以感谢的一笑，然后对四座人说："实在对不起，我只能把歌声留给你们。因为临来时，我把心留在祖国了。"

点析

酒会上主人所说的一句玩笑话，实则是赞扬关牧村迷人的歌喉。关牧村也以幽默的言语作答，即体现了歌唱家热爱祖国的美好情怀，又活跃了酒会的气氛。

密苏里人和阿肯色人

密苏里人挖苦阿肯色人："有个阿肯色小伙子 20 岁才生平头一次穿上鞋，为了看看自己的脚印有多好看，他倒退着走路。看着自己的脚印，他高兴死了，结果一直退到密苏里世界，人们才把他叫住。"

阿肯色人说："对，那是真的。我跟他很熟，打那以后他就再没有回阿肯色。因为密苏里人发现他能从 1 数到 20，便请他去学校当老师了。"

点析

阿肯色人的反击是在密苏里人的挖苦基础上发展而来的，其中透出阿

肯色人的机智与幽默，显示出高超的技巧。

不背着抽烟

父亲：“你竟敢背着我抽烟，我非打死你不可！”

儿子：“爸爸您别打我，我向您保证：从现在起，我抽烟一定不背着您。”

点析 ★

儿子利用其父亲话中的“背着”一词，把“不准抽烟”偷换成“可以抽烟但不能背着抽烟”，即“可以公开抽烟”。

长大后会成为什么人

有人向瑞士大教育家彼斯塔洛齐提了一个很难回答的问题。

那人是这么问的：“能不能从襁褓中就看出，小孩长大后会成为一个什么样的人？”

彼斯塔洛齐回答道：“这很简单。如果在襁褓中是个小姑娘，长大一定是妇女；如果是个小男孩，长大后就是个男人”。

点析 ★

那人的问题是问小孩长大后的前途如何，这个问题恐怕上帝也不知道答案。彼斯塔洛齐故意曲解它，将什么样的人曲解为“什么性别的人”，从而巧妙地回答了，尤显有趣。

父巧批子

一家人在吃饭，儿子却对着筷子发起了感慨：“先进与落后，文明与愚昧，即使在使用餐具上也能体现出来。外国人用的金属刀叉，而我们用的却是两根竹筷子。”

父亲听着这话很不顺耳，但没有发火，他对儿子说：“这个问题好解决”。父亲从旁边拿起一把火钳，一把塞给儿子，“给，使用这个吃，也是金属的，重量也够！”

点析 ★

这位父亲对儿子崇洋媚外的思想，没有粗暴、直接地训斥，而是巧妙幽默地教育，这样更易于让儿子接受批评。应该说，这位父亲教育儿子的方法是很科学的。

再也不会见面了

一位法国的著名幽默家到一家饭店去吃午饭。饭菜太没味了，作家只吃了一半就不想吃了。他喊道：“经理先生，请过来。”

“先生，要清账吗？”

“让我们来拥抱一下吧！”

“什么？”

“让我们来拥抱啊！”

“那为什么呢？先生。”

“要告别嘛！今生今世恐怕我们再也不会见面了。”

点析 ★

这位法国的幽默家用风趣的话——“今生今世恐怕我们再也不会见面了”，强有力地讽刺了饭店的饭菜乏味。

别人眼角都不抬

一位丈夫要出国深造，妻子正帮他收拾东西。

妻子半开玩笑地说：“你到那个茫茫世界，说不定会看上别的女人呢！”

丈夫调皮地回答：“你瞧瞧我这副尊容，瓦刀脸，罗圈腿，大眼泡，招风耳，怕是站在路上人家连眼角都不抬呢。”

妻子一听，扑哧一声笑了。

点析 ★

丈夫的回话，隐含着让妻子放心的意思。这比一本正经地发誓，更富有诗意和情趣。

不知道你怀着孩子

普希金年轻的时候，并不出名。有一次，他在圣彼得堡参加一个公爵家的舞会时，看到了一位年轻而且非常漂亮的贵族小姐，便大胆地走上前

去对小姐说："小姐，我可以请你跳舞吗？"

小姐斜看了普希金一眼，傲慢地回答说："我不和小孩子一起跳舞。"

普希金微笑地回答："对不起，亲爱的小姐，我不知道你正怀着孩子。"

说完，他很礼貌地鞠了躬，走开了。

点析 ★

被一个年轻而美貌的小姐拒绝是很尴尬的，而普希金却故意装糊涂，不但让自己很体面地下了台，而且还很巧妙地回击了傲慢无礼的贵族小姐。

这是慈善舞会

在一次舞会上，萧伯纳邀请一位自视过高却又有几分害羞的女士共舞。正跳着华尔兹的时候，女士不安地问："哦，先生，您怎么会想到请我这可怜的人跳舞呢？"

萧伯纳回答："您不知道吗！这是个慈善舞会呀！"

点析 ★

萧伯纳的话其实是要提醒女士不要过于自负，对人要热情主动些。由于他话说得具有戏谑性，并带着幽默感，因而使对方在发笑中减少了害羞的心理。

由不得我

有人曾经问肯尼迪总统：“您是如何成为第二次世界大战中的英雄的？”

“由不得我，”肯尼迪回答说，“是因为日本人炸沉了我们的船。”

点析 ★

肯尼迪无意炫耀自己的历史，特地把成为英雄说成是被动的，体现了他内在的谦逊和为人的风趣。

为何诗人没有家

有一次，有人问一位诗人：“小说家、歌唱家、音乐家、书法家等，都有一个‘家’，为何诗人没有‘家’？”

旁边一人插嘴道：“诗人太浪漫了，到处去寻找灵感，怎么有‘家’呢？”

“错了！”诗人感叹地说，“那是因为诗卖不到几文钱，无力成家！”

点析 ★

问问题的人所谓的“家”是指一种学术流派，诗人却巧换概念，把它换成了家庭意义的“家”，并以十分幽默的口吻自我解嘲，既显得幽默，又避免了因寒酸而带来的尴尬。

怎敢加倍侮辱

某餐厅服务员有意向顾客索取小费，顾客给了她几毛钱。她不满地说：“只给几毛钱小费，简直是在侮辱人嘛！”

客人问：“那么我应给你多少才好呢？”

服务员说：“起码一两元才是。”

顾客揶揄道：“实在对不起，我怎敢加倍侮辱你呢！”

点析 ★

顾客对服务员肆意收取小费的不良现象做出了平静而有力的回击，表面上是没有侮辱服务员，事实上已经对她进行了大快人心的讽刺。

程思远巧释姓名

1965年7月26日，毛泽东接见了回国的李宗仁夫妇和他们的机要秘书程思远。在进餐叙谈中，毛泽东突然问程思远：“你的名字为何取程思远？”

程思远带笑地回答说：“思远就是想得远，正因为想得远，我才回来跟毛主席和共产党嘛。”

点析 ★

把名字与眼前的事实巧妙地联系起来，既有一种风趣感，同时也坦诚地表露了程思远爱国的思想和心迹。

转送吻

糊涂先生新婚不久就出国了，临走前跟老婆说，每星期都会按时寄钱回来。但是四个星期过去了，他老婆却没有收到糊涂先生寄来的任何钱，于是传真给老公，“亲爱的，房租将缴，速速寄钱来！”

糊涂先生传真回电：“近日速寄，亲爱的，送你千个吻！”

又过了一个星期，糊涂先生还是没有寄钱，但是他却收到老婆的传真：“亲爱的，那钱不用寄了，因为你送我的一千个吻，我转送给了房东先生，房租便可以不用交了，替你省钱的老婆！”

点析

糊涂先生迟迟不寄钱，真不知是真糊涂还是假糊涂，只是寄来“一千个吻”，他老婆却幽默地说把一千个吻转送给了房东先生，可以不用交房租了，让人听后，觉得十分好笑。

引　诱

英国绅士与一法国女人同乘一个包厢，女人想引诱这个英国人，她脱衣躺下后就抱怨冷，先生把自己的被子给了她，但她还是不停地说冷。

“我还能怎么帮助你呢？”绅士沮丧地问道。

法国女人说：“我小时候妈妈总是用自己的身体给我取暖。”

“请原谅，夫人。我可不想半夜跳下火车去找你的妈妈。”先生说道。

点析

法国女士想引诱这位英国绅士，不料，绅士用一句十分幽默的话——“我可不想半夜跳下火车去找你的妈妈，”打消了法国女士居心不良的念头。

没有口袋把我们装起来

1986年，在墨西哥举行的第13届世界杯足球赛上，非洲摩洛哥队与英格兰队交战前，英格兰队教练罗布森曾夸口说：“在这场比赛中，我们英国人简直可以把摩洛哥队装进口袋里。”激战以后的结果是打成平局，摩洛哥队的法里亚说：“蒙特雷的天气实在太热了，迫使罗布森先生不得不脱去外套……所以，他没有口袋把我们装起来。”众人听后捧腹大笑。

点析

法里亚用诙谐、幽默的语言回击了傲慢的罗布森教练。

只演奏了晚餐的分量

有一次，波兰著名的作曲家、钢琴演奏家肖邦应邀到了一个交情平淡的人家晚餐，晚餐的内容称不上丰盛，甚至可说是粗茶便饭。肖邦对主人的如此怠慢，心中着实有些不满。

晚餐刚过，女主人就立即催促肖邦演奏。

肖邦对主人的态度尽管有不满情绪，却依然坐在钢琴前面开始了演奏，只是心中另有一番盘算。当一首曲子即将进入高潮时，他突然停止演奏。

这时，女主人惊讶地说："就这样结束了吗？"

"是的"，肖邦笑着回答说："夫人，很是对不起，我只演奏了晚餐的分量。"

点析

若肖邦直接指出主人的怠慢，会显得有失风度。他巧妙地利用弹钢琴，还未演奏到高潮就停止了。当女主人问为什么时，他幽默地说："我只演奏了晚餐的分量"，恰到好处地指出主人的无礼。

里根主演，谢晋导演

1985年4月4日至5月1日，我国著名电影艺术家谢晋赴美国举办他导演的《舞台姐妹》、《高山下的花环》等10部影片的回顾展。这次活动，无论是对于中美电影文化交流，还是对于中国电影走向世界都具有十分重要的意义，因而得到了美国文化界、新闻界人士的密切关注。

在一次座谈会上，美国电影界的同行与谢晋探讨什么样的影片会最卖座，以及中美如何进行电影合作等问题。应该说，这是一个"友好的难题"，面对朋友们的提问，谢晋风趣而幽默地发表了自己的看法："里根先生将来不当总统了，如果他仍旧对表演感兴趣，那么，他来主演，我来导演，中美合作拍，这部影片我相信在全世界一定卖座。"对于谢晋的机智及颇具胆识的回答，在场的美国朋友报以热烈的掌声。

点析

对于这样一个"友好的难题"，笼而统之的回答显然难以令提问者满意，而具体的预测或许因条件还不具备也难免陷入以偏概全的尴尬境地，而谢晋用十分幽默的话回答了提问者，赢得了美国朋友的赞赏。

但丁施计

但丁是意大利中世纪著名的诗人。有一次，但丁去突尼斯进行访问，他应邀出席当地执政官举办的一次宴会。席间送给使节的是肥大的煎鱼，但送给但丁的却是很小的一盘煎鱼。

但丁把盘中的小鱼逐条拿起来，靠近耳朵又一一放进盘中。

执政官问但丁这是何用意。

但丁说："几年前，我的一位挚友在海上旅行时不幸逝世，举行了海葬。我刚才挨个儿问这些小鱼，友人的遗体是否已安然埋入海底。小鱼回答说：它们还很小，对过去的事情了解得很少。如果我向同桌的大鱼们打听，肯定会了解到想要知道的事情的。"

执政官明白了但丁的用意，随即命令听差给诗人端上一条大的煎鱼来。

点析

但丁没有直接说出自己盘里的鱼太小，受到不公平的待遇，而是用幽默的语言讲了有趣的事，委婉地表达自己也要大鱼。这样，既给自己争了脸面，又不让执政官难堪。

心中的石头落地了

德国著名作家海涅，有一天，他收到一个朋友寄来的很重的一封欠邮资的信。他拆开封皮一看，原来是一大捆包装纸，里面附有一张小纸条："我很好，你放心吧！你的N。"

海涅立即给朋友回了信。他的朋友很快收到一个十分沉重的欠资包裹。他的朋友取这个包裹时，不得不付出一大笔现金，以补偿所欠的邮资。原来包裹里装的是一块大石头，石头下面也有一张小纸条，上面写着："当我知道你很好时，我心里这块石头也就落地了。"

点析 ★

作家海涅收到朋友无礼的信时，没有用侮辱性的语言反击对方，而是仿照朋友的做法，用幽默的语言给予回击。

祖传秘方

某作家在开会时，由于写作太累而睡着了，渐渐地，他的鼾声大震，逗得与会者哈哈大笑。他醒来发觉众人在笑自己。

一位同仁说："你的'呼噜'打得太有水平了。"

他立即接茬说："这可是我的祖传秘方，高水平还没有发挥出来呢！"

大家都被逗笑了。

点析

作家在困窘中自我嘲弄，为自己化解尴尬。

重女轻男

甲：“事实上，中国传统上不是重男轻女，而是重女轻男。”

乙：“不对，我国向来重男轻女，你这样说有何根据？”

甲：“中国的文字就是一个根据。什么叫‘好’？‘好’就是‘女’、‘子’，而不是女子的就叫‘孬’，不是女子的只能是男人。所以，中国人历来认为男子不好，女子好，这不是重女轻男么？”

点析

甲利用中国汉字是一种表意文字，将合体字“好”、“孬”拆开讲解，达到“重女轻男”的目的。

老鼠都是驼背的

世界著名滑稽演员侯波有一次在电视台表演时说：

“我住的旅馆，房间又小又矮，连老鼠都是驼背的。”

这句话被旅馆的老板听到了，他非常生气，认为侯波诋毁了旅馆的名誉，打算控告他。

侯波知道消息后，心里不服气，决心仍坚持自己的看法，但为了避免不必要的麻烦，他做了些“让步”。

于是他在电视台上发表一个声明，向对方表示道歉：

“上次我曾说，我住的旅馆房间里的老鼠都是驼背的。这句话说错了。我现在郑重更正：那里的老鼠没有一只不是驼背的。”

点析 ★

侯波用不同的语言表达相同的意思，表面上道歉，实际仍坚持上次在电视台表演中的看法，并且使其幽默讽刺的意味更浓。

“偷”诗

牛津大学有个叫艾尔弗雷特的年轻人，因为有点诗才全校闻名。

一天晚上，他在同学面前朗诵自己一首新创作的诗。同学中间有个叫查尔斯的说：“艾尔弗雷特的诗我非常感兴趣，他是从一本书中偷来的。”

艾尔弗雷特知道后，非常恼火，要查尔斯当众向他道歉。

查尔斯想了想，答应了。他说：

“我说的话很少收回。不过这一次我承认错了。我本来以为艾尔弗雷特的诗是从我读的那本书里偷来的，但我到房里翻开那本书一看，发现那首诗仍在那里。”

点析 ★

查尔斯看似道了歉，其实他巧妙利用“偷”字的多义性，仍坚持艾尔弗雷特抄袭别人的诗这一观点。

张大千的幽默

张大千是我国著名的一位国画家，在他要从上海返回四川之际，有人举行一个宴会为他饯行。这次宴会邀请了梅兰芳等社会名流出席。宴会开始，大家都想首先向张大师敬酒，而张大千却走到了梅兰芳的面前。

张大千举杯对梅兰芳说：“还是让我这个小人先敬你这位君子一杯吧。”

梅兰芳不解：“此话怎讲？”

张大千笑道：“你动口，当然是君子嘛，我动手，岂不是小人？”

点析

张大千的一番话肯定开始会让大家一头雾水，后来经过张大千自己的解释，大家才知晓张大千大师有意曲解了“君子动口不动手”，并且还巧妙地将双方各自的职业，即唱和画联系了起来，极富幽默感，令人在开怀大笑之余，不得不佩服他的口才。

攀　亲

一天，英国著名哲学家培根家里来了位不速之客，名叫荷格，是一名惯匪。法院要对他起诉，并要判他死刑。他找培根是想请培根救他一命。他的理由是“荷格（hog 意为猪）和培根（Bacon 意为熏肉）有亲戚关系。”培根听后大笑：“朋友，你若不被处死，我们是没法成为亲戚的，因为猪要死后才能成为熏肉。”

点析 ★

这个惯匪荷格的“攀亲”本是荒谬的，而培根利用释语的方法，巧妙地表达了自己不救他的态度。

我想的东西

英国文学家萧伯纳在一个晚会上，独自坐在一旁想心事。

一位美国富翁非常好奇，他走过来说：“萧伯纳先生，我想出一块钱来打听你在想什么？”

对富翁庸俗的揶揄，萧伯纳决定给予反击。他抬头看一眼富翁，说：“我想的东西不值一块钱。”

这下更引起了富翁的好奇，他急不可待地问道：

“那么你究竟在想什么东西呢？”

“我想的东西就是你呀！”

点析 ★

这位富翁的问话不仅干扰了萧伯纳的思考，而且是对他的人格污辱。萧伯纳为了有力地回击对方，首先没有直接回答，而是先用“我想的东西不值一块钱”来勾起富人的好奇心，然后再给富人当头一棒。